Speak American?
Govorite li Američki?

Meaning and Illustrations of American Idioms
in English and Serbian

Značenja i Ilustracije Američkih Idioma
na Engleskom i Srpskom

Dedicated to
Zorica and Dragomir Stajković
Forever enthisiasts for a global world

Copyright © 2024 Aleksandar and Kayla Stajković

First Edition
Research Paradigms Applied, LLC
Madison, Wisconsin 53562, USA
www.researchparadigmsapplied.com

All rights reserved. No part of this publication may be reproduced, distributed, or transmitted in any form or by any means, including photocopying, recording, or other electronic or mechanical methods, without the prior written permission of the publisher, except in the case of brief quotations embodied in reviews and certain other noncommercial uses permitted by copyright law. Permission requests should be directed to publishing@researchparadigmsapplied.com.

Available at special discounts for bulk purchases by educational institutions, government agencies, and other nonprofit organizations. For information, please contact publishing@researchparadigmsapplied.com, with reference to special markets sales.

ISBN 13: 978-1-7338275-2-2

Library of Congress Cataloging-in-Publication Data
Control number: 2023939567

Speak American? Govorite li Američki / Aleksandar and Kayla Stajković

Illustrations by Aleksandar and Kayla Stajković, generated using artificial intelligence programs developed by OpenAI. All images are used in accordance with OpenAI's usage policies and terms of service.
Copyright © 2024 Aleksandar and Kayla Stajković. All rights reserved.

Serbian translations by Jovana Subotić and Aleksandar Stajković.

About the Authors / O Autorima

Aleksandar Stajković, PhD
Dean's Professor in Business
Wisconsin School of Business
University of Wisconsin-Madison
www.stajkovic.biz
PhD, University of Nebraska, Lincoln
MBA, University of Nebraska, Lincoln
BSc, University of Belgrade, Economics

Prior Academic Engagements:
Stanford University, Psychology Department, Visiting Scholar
University of California, Irvine, Assistant Professor
Washington State University, Assistant Professor

Teaching: Organizational Behavior, Management, Leadership

Kayla Stajković, PhD, CPA
Professor of Management
Graduate School of Management
University of California, Davis
www.kstajkovic.com
PhD, University of Wisconsin, Madison
BSc, St. Cloud State University, Accounting
State of Minnesota, CPA license

Prior Academic and Professional Engagements:
Edgewood College, Assistant Professor
Travelers Insurance Inc., Senior Internal Auditor
KPMG LLC, Associate Auditor

Teaching: Organizational Behavior and Development, Management, Leadership, Organizational Sustainability and Innovation, Executive Communication, Business Psychology, Auditing, Forensic Accounting, Advanced Cost Accounting, Strategic Management Accounting.

Idiom List

1. Monkey on Your Back
   Teret na plećima.. 19
2. Fly by the Seat of Your Pants
   Biti intuitivan 21
3. Fresh off the Boat (FOB)
   Dođoš 23
4. Take a Rain Check
   Odložiti sastanak 25
5. Pull the Plug
   Staviti tačku 27
6. Keep Your Nose to the Grindstone
   Raditi naporno, istrajno, i pažljivo 29
7. Barking Up the Wrong Tree
   U pogrešnoj se crkvi moliš.................................. 31
8. Ducks in a Row
   Dovesti sve u red... 33
9. Chip on Your Shoulder
   Kivan na nekoga 35
10. Reader's Digest Version
    Skraćena verzija 37
11. Flying off the Handle
    Prasnuti... 39
12. Chomping at the Bit
    Biti nestrpljiv 41
13. Rule of Thumb
    Praktično pravilo 43
14. Beating a Dead Horse
    Raditi uzaludan posao 45
15. Bull in a China Shop

    Slon u staklarskoj radnji 47
16. If Push Comes to Shove
    Kad dođe stani-pani 49
17. Out of the Gate
    Od samog starta 51
18. Play Hardball
    Krenuti silovito 53
19. All Hands on Deck
    Upregnuti sve snage 55
20. Glass Ceiling
    Stakleni plafon 57
21. Off the Cuff
    Bez pripreme 59
22. Behind the 8 Ball
    Biti u neprilici 61
23. Coming Out of Ears
    Višak nečega 63
24. Elephant in the Room
    Car je go 65
25. Pull Out All the Stops
    Ukloniti sve prepreke 67
26. On the Fence
    Kome da se privolim 69
27. Red Herring
    Nešto što odvraća pažnju od poente 71
28. Don't Throw the Baby Out with the Bath Water
    Ne odbacujte nešto vredno u želji da se otarasite nečeg beznačajnog 73
29. Straw That Broke the Camel's Back
    Kap koja je prelila čašu 75
30. By the Skin of Your Teeth
    Za dlaku 77

31. Game Changer
    Ključna promena koja utiče na rezultat 79
32. Beat to the Punch
    Preduhitriti 81
33. Drop of a Hat
    Istog trenutka 83
34. White Collar, Blue Collar, Pink Collar
    Bela kragna, plava kragna, roze kragna 85
35. Glass Cliff
    Staklena litica 87
36. Right Up Their Alley
    Nečiji fah 89
37. Right Off the Bat
    Na samom početku 91
38. Ax to Grind
    Naoštriti se 93
39. Silver Lining
    Svetlo na kraju tunela 95
40. Cut to the Chase
    Preći na stvar 97
41. Cold Turkey
    Nagli prekid 99
42. At the End of My Rope
    Sateran u ćošak 101
43. Knock It Out of the Park
    Pokidati 103
44. Toot Your Own Horn
    Busati se u prsa 105
45. Writing on the Wall
    Veliko upozorenje 107
46. Cross That Bridge When We Come to It
    Otom-potom 109

47. Smoke and Mirrors
    Zamazivanje očiju 111
48. Snowball's Chance in Hell
    Piši propalo 113
49. In the Home Stretch
    U finišu 115
50. Shoot Yourself in the Foot
    Pucati sebi u koleno 117
51. Take the Bull by the Horns
    Uhvatiti se ukoštac sa problemom 119
52. Cherry-Picking
    Selektivni dokaz 121
53. Elevator Pitch
    Kratko predstavljanje 123
54. Touch Base
    Porazgovarati 125
55. Down a Rabbit Hole
    Upasti u spiralu 127
56. Thrown Under the Bus
    Baciti pod točkove 129
57. Cold Feet
    Trema 131
58. Coloring Outside the Lines
    Biti kreativan 133
59. Empty Suit
    Spolja gladac, a iznutra jadac 135
60. Back to the Drawing Board
    Opet jovo nanovo 137
61. Pan Out
    Sve će doći na svoje 139
62. Elbow Grease
    Zasukati rukave 141

63. Out of the Blue
    Iz vedra neba 143
64. Caught Red-Handed
    Uhvaćen na delu 145
65. Deer in the Headlights
    Blene kao tele u šarena vrata 147
66. Pushing the Envelope
    Testirati granice 149
67. The Ball Is in Your Court
    Lopta je u vašem dvorištu 151
68. Casts Pearls Before Swine
    Bacati bisere pred svinje 153
69. Open a Can of Worms
    Otvoriti pandorinu kutiju 155
70. Hit the Ground Running
    Krenuti oštro 157
71. Can't See the Forest for the Trees
    Od drveća se ne vidi šuma 159
72. Hold Your Horses
    Uspori 161
73. Level Playing Field
    Iste šanse za sve 163
74. Whole Nine Yards
    U potpunosti 165
75. Think Outside the Box
    Razmišljati van okvira 167
76. Skeletons in the Closet
    Prljav veš 169
77. Up in Arms
    Dići se na noge 171
78. Dragging Your Feet
    Vući se kô crevo 173

79. Fair and Square
    Pošteno 175
80. Feeding Frenzy
    Mala bara, puno krokodila 177
81. Blessing in Disguise
    Sreća u nesreći 179
82. Just My Two Cents
    Samo da dodam nešto 181
83. Clear the Air
    Raščistiti nešto 183
84. Don't Put all Your Eggs in One Basket
    Ne stavljajte sva jaja u istu korpu 185
85. Down to the Wire
    Biće neizvesno do samog kraja 187
86. Back to Square One
    Vratiti se na početak 189
87. Out of Thin Air
    Niotkuda 191
88. Yada, Yada, Yada
    Bla, bla, bla 193
89. Beating Around the Bush
    Kružiti kao kiša oko kragujevca 195
90. Ironclad Agreement
    Uklesano u kamen 197
91. Grasping at Straws
    Hvatati se za slamku 199
92. Show the Ropes
    Uputi ga u posao 201
93. Back on Track
    Vratiti se na kolosek 203
94. Pulling Your Weight
    Dati svoj doprinos 205

95. Pedal to the Metal
    Do daske 207
96. Piece of Cake
    Prosto kô pasulj 209
97. Cut Some Slack
    Popustiti malo 211
98. Off the Hook
    Izvući se iz neprijatnosti 213
99. Spill the Beans
    Izlanuti se 215
100. Burn Bridges
    Spaliti mostove za sobom 217
101. Play It by Ear
    Prilagoditi se situaciji 219

Preface

"Speak American? Govorite li Američki?" is a guide to embracing American-Serbian cultural nuances. In today's global world, the ability to communicate effectively across cultural boundaries is more than a skill—it is a necessity. "Speak American? Govorite li Američki?" is a tool for Serbian professionals who are seeking to navigate the American business landscape and for American professionals who are curious to understand the cultural subtleties of how their Serbian counterparts might perceive their words and phrases.

Structure of the Book

Divided into two parts, this book was created and structured to promote a deep understanding and practical application of American (and Serbian) idioms in professional settings.

Part I explains 101 American idioms, presenting each with its meaning, a business example, and an explanation of its origins. The idioms are presented in English on one page, with Serbian translations on the facing page, accompanied by vivid illustrations that bring their meanings to life. This section aims not just to explain the American idioms but to help readers visualize and apply them in real-world scenarios.

Part II enumerates additional idioms paired with their Serbian equivalents in a way that transcends direct translation. This section offers a perspective on how idiomatic expressions, though different in words, often share universal themes and lessons. It is a testament to the shared human experiences, providing insights for Serbian and American readers.

Why Read this Book?

Drawing on four decades of experience in management education in the United States, we believe that idioms are not just phrases but the essence of effective communication. American English includes many idioms that are confusing because the meaning often has little to do with the literal meaning of the words. For instance, "let the cat out of the bag" means to reveal a secret; it has nothing to do with a cat or a bag. Knowing American idioms is the key to not just surviving but thriving in an American business context. Avoiding embarrassment caused by confusion helps, too.

"Speak American? Govorite li Američki?" is more than a book; it is also envisioned as a bridge between cultures. It is an invitation to explore the richness of American and Serbian idiomatic expressions, uncovering their cultural finesse. For Serbian professionals interacting with the American business environment, this book offers unparalleled insights into navigating the language and American culture with ease.

As a collaborative effort between two management professors (one American and one born and raised in Serbia), our book is enriched with personal insights and experiences. Our backgrounds and journey as a married couple allow us to present a blend of socio-business perspectives, making "Speak American? Govorite li Američki?" a unique resource in the Serbian market for global management education.

Embrace this opportunity to dismantle language barriers, enhance your professional interactions, and unlock the doors to more international opportunities for fruitful cooperation.

Predgovor

„Speak American?" Govorite li američki?" je vodič za srpske profesionalce koji žele da napreduju u američkim drustvenim i poslovnim zajednicama, kao i za američke profesionalce koji žele da saznaju kako ih srpska strana razume. Ova temeljno sastavljena knjiga predstavlja zbirku i ilustracije 200 američkih idioma, prilagođenih srpskom tržištu. Uz ovu knjigu razvićete znanje neophodno da se društveno uklopite i da poslovno napredujete u američkom kulturnom okruženju.

Struktura Knjige

Knjiga se sastoji iz dva dela. Prvi deo pokriva prvih 100 idioma predstavljenih kroz odeljke *Značenje*, *Primer* i *Poreklo*. Idiomi na engleskom se nalaze na levoj, a na srpskom na desnoj strani. Tekst je praćen ilustracijama koje smo mi kreirali da dodatno približimo značenje idioma u njihovom kontekstu.

Iako ovi idiomi imaju široku primenu, primeri su prilagođeni poslovnom kontekstu. Zamislite koliko ćete jasnije komunicirati ako razumete idiome kao *having a chip on your shoulder*, *Get your ducks in a row*, ili *Watch out for the glass cliff*, koje vam na sastanku izgovore Američki kolege. Na osnovu 40 godina kombinovanog iskustva u predavanju menadžmenta u SAD, verujemo da su idiomi kamen temeljac za efikasnu poslovnu komunikaciju sa saradnicima iz Amerike.

Drugi deo knjige predstavlja sledećih 100 idioma. Međutim, oni nisu objašnjeni kao idiomi u prvom delu, već su predstavljeni zajedno sa srpskim pandanima. Svaki američki idiom naveden u ovom odeljku ima odgovarajući idiom na srpskom, iako prevodi nisu jednostavni. Na primer, srpski idiom „Fali mu daska u glavi" ekvivalent je američkom *He has loose screws*. Ove idiome smo uključili jer se razlikuju od onih koji se mogu direktno prevesti, poput „sipati so na ranu" za *To add insult to injury*, koji su uzostavljeni. Svrha ovog dela je da pomogne i srpskim i američkim čitaocima tako što će upariti idiome koji su široko korišćeni ali se ne mogu direktno prevesti: *What are you staring at*? u „Je l' igra mečka?"

Zašto Čitati ovu Knjigu?

Namenjena prvenstveno poslovnoj zajednici, ova knjiga premošćuje jaz između učenja formalnog engleskog jezika i američkog poslovnog sveta. Iskoristite moć američkih idioma, njihovih objašnjenja, i srpskih ekvivalenata da proširite svoju poslovnu mrežu i poboljšate vaću sposobnost pregovaranja i snalaženja u poslovnim i društvenim interakcijama. Bilo da ste iskusan profesionalac koji želi da razvije svoje jezičke veštine, ili ste talentovani početnik koji želi da se istakne u multikulturalnom svetu, ova knjiga pruža praktične smernice. Recite zbogom jezičkim barijerama i usvojte mogućnosti razumevanje idioma, njihovog konteksta, i srpskih pandana.

Na srpskom tržištu trenutno ne postoji ovakva knjiga. Ona predstavlja zajednički trud dva profesora menadžmenta – jednog američkog i drugog srpskog porekla. Naše obrazovanje, kulturna porekla, kao i naš lični bračni odnos, dodatno obogaćuju knjigu jedinstvenim uvidima, nudeći čitaocu nova i dragocena društveno-poslovna stanovišta. Ovo je jedinstvena knjiga sa novim i do sada neprikazanim poslovnim i kulturnim uvidima koja popunjava rupe u znanju na tržištu obrazovanja za globalni menadžment u Srbiji.

1. Monkey on Your Back

Meaning: An issue or problem that burdens you and has become an ongoing personal struggle.

It represents a visible or obvious burden you carry and cannot easily rid yourself of, like carrying a monkey that you cannot easily remove from your shoulders. This phrase could also be used to refer to a burden that a person carries that others see, but that is not obvious to the carrier of the monkey.

Example: Consider someone who wanted to attend college but could not afford it. They may have developed an attitude that education does not matter much. They tend to talk in a way that diminishes education even though nobody asks them about it. Their negative attitude shows others that the topic bothers them, but they do not realize how it affects others. Someone may say, "It looks like Matt has an issue with college education," and another person may respond: "Yeah, he has a monkey on his back."

Origins: This idiom comes from the phrase, "to have a monkey on the roof of your house," which was used in the 19th century US to describe having a mortgage. The monkey on the roof metaphor represents the nagging presence of financial debt, similar to how a monkey would likely pester and annoy someone if it really climbed on their back. This is a uniquely American idiom, rarely used elsewhere.

Teret na plećima
Majmun na leđima

Značenje: Opterećenje ili problem koji se pretvorio u stalnu ličnu borbu (doslovno: nositi majmuna na leđima).

Ponekad se ovaj izraz odnosi na neku drugu osobu čiji je majmun na leđima očigledan svima, ali ona nije svesna toga.

Primer: Zamislite nekoga ko je želeo da ide na fakultet, ali nije imao dovoljno finansijskih sredstava za studije. S vremenom je razvio stav da obrazovanje nije toliko važno, i ima običaj da tokom razgovora umanjuje značaj obrazovanja iako ga niko o tome ne pita. Njegov negativan stav pokazuje da ga ta tema još muči, ali ne uviđa da to utiče i na ostale sagovornike. Neko može reći: „Izgleda da Mita ima nešto protiv fakultetskog obrazovanja," a kolega odgovara: „Da, to ga baš opterećuje".

Poreklo: Ovaj idiom potiče od izraza „imati majmuna na krovu kuće", koji se u 19. veku u SAD koristio da se kaže kako je kuća pod hipotekom. Metafora o majmunu odnosi se na mučni dug, kao što bi pravi majmun opterećivao nekoga kad bi mu se popeo na leđa. Ovaj idiom se ne koristi u pozitivnom smislu, već samo da naznači neku muku, ali bez direktnog potezanja te teške teme.

2. Fly by the Seat of Your Pants

Meaning: It means to improvise on the spot. When it is unclear what to do next, or you are unprepared, you rely on instincts and make choices as you go along.

Example: You are walking into a meeting with a colleague who is about to give a presentation. You ask if he is ready, and he responds: "I'm going to fly by the seat of my pants." This means that he does not have a plan. Instead, he will improvise the presentation as he goes along. The connotation could be positive if improvisation is needed, but it can be negative if someone suggests you are flying by the seat of your pants" when you should have been prepared. An idiom with a similar meaning is winging it. Both are used often.

Origins: In the early days of aviation, pilots relied on their senses and experience rather than advanced instruments, which were unavailable back then. To adjust the settings throughout the flight, they would feel the vibrations and movements of the plane through their seat. This helped them determine if the plane was flying correctly or something was wrong.

Biti intuitivan
Leteti po sedištu ispod pantalona

Značenje: Improvizujete na licu mesta (doslovno: leteti u skladu sa onim na čemu sedite, kao što je sedište ispod vaših pantalona), znači da niste sigurni šta treba da radite, ili se niste pripremili, već se oslanjate na svoje instinkte i dalje orijentišete spram njih.

Primer: Ulazite na sastanak s kolegom koji treba da održi prezentaciju. Pitate ga da li se pripremio, a on kaže: „Rukovodiću se intuicijom (I'm gonna fly by the seat of my pants)." To znači da nema plan, već će improvizovati usput. Konotacija ovog izraza je pozitivna ako je improvizacija nužna u odredjenom slučaju. Ako vam neko ukazuje na to da improvizujete onda kada bi trebalo da ste već bili pripremljeni, ovaj izraz postaje kritika. Idiom zbunjuje mnoge strance zbog neuobičajene konstrukcije-reči „leteti", „sedište" i „pantalone" nemaju mnogo značenjskih veza jedna s drugom, to jest, retko kad se nađu u istoj rečenici.

Poreklo: U ranim danima avijacije piloti su se oslanjali na svoja čula i iskustvo, pošto modernih instrumenta u avionima još nije bilo. Piloti su morali da se prilagođavaju situaciji i menjaju odluke tokom leta. Osećali su vibracije i kretanje aviona na svom sedištu. To im je pomagalo da utvrde da li avion leti kao treba, ako im je osećaj tokom letenja isti kao i uvek, ili nešto nije u redu, ako su vibracije drugačije nego inače. Znači leteti/raditi po onome što vam je intuitivno.

3. Fresh off the Boat (FOB)

Meaning: This idiom refers to someone (a FOB) who recently arrived in a new country and is still adjusting to the new place's language, customs, and culture.

Example: Used neutrally, the phrase typically suggests that someone is unfamiliar with local language, customs, and traditions. When used negatively, the phrase, or the acronym, describes a person who is still unaccustomed to or maybe even disrespectful of the ways of the host country. The latter framing would not be heard often in an open conversation.

Origins: The phrase originated in the late 19th and early 20th centuries during a significant period of immigration to the US. It referred to immigrants who arrived, typically by boat, and were not yet familiar with local ways.

Depending on how long assimilation to the new environment takes in the subjective view of the observer, the connotation of the phrase is either neutral or negative. This idiom has a uniquely American history, though the use of "fresh off the boat" today might innocuously refer to anyone coming from somewhere to a new place.

Dođoš
Svež sa broda

Značenje: Ovaj idiom se odnosi na nekoga ko se nedavno preselio u novu zemlju i još se prilagođava kulturi i običajima novog društvenog okruženja (doslovno: svež je s broda). Kontekst idioma može biti i neutralan i negativan.

Primer: Korišćen u neutralnom smislu, ovaj izraz upućuje na to da osoba još uvek nije upoznata sa lokalnom tradicijom, jezikom, i načinima života. Kada se koristi da se izrazi nepoštovanje, ovaj idiom opisuje nekoga ko je i dalje nenaviknut na novu sredinu, ako ne i pomalo nevaspitan u novom okruženju. Ovaj  izraz u negativnoj konotaciji retko kad se čuje u formalnom razgovoru u SAD, ali se može čuti u neformalnom ćaskanju.

Poreklo: Izraz je nastao krajem 19. i početkom 20. veka tokom perioda velike imigracije u SAD. Odnosi se na imigrante koji su tek stigli u novu zemlju, obično brodom, i još uvek se nisu upoznali sa lokalnim običajima, kulturom, i jezikom. U zavisnosti od toga u kojoj meri neko misli da ljudi treba da se prilagode novoj sredini, smisao ovog idioma može biti neutralan ili negativan.

Ovaj izraz je sličan reči „dođoš" koja se ponekad neformalno koristi u Vojvodini u sličnom kontekstu. Neko nije upoznat sa lokalnim običajima, ili se još (tvrdoglavo) drži običaja iz starog okruženja.

4. Take a Rain Check

Meaning: To postpone an offer or invitation to a later time or avoid dealing with it now.

Taking a rain check means you are keeping the door open for the future, or you do not feel like dealing with directly rejecting the person's offer now.

Example: You walk up to your colleague and ask if she wants to grab drinks after work. She politely responds, "Sorry, can I take a rain check?" She used this phrase to decline your offer for now, but it might imply that she is open to accepting it later. People also use this phrase when they do not want to be rude by saying no.

Origins: This phrase is traced back to the late 1800's from American baseball. Baseball was a popular pastime, but because it was played outside, games would get canceled when it rained. Spectators were given a "rain check," which they could exchange for a ticket to a future game.

We recommend not using this idiom unless you are confident that the other person will understand the meaning. Otherwise, the other person might think you are strange for asking about rain, and you could not fathom explaining the faux pas on their end.

Odložiti sastanak
Uzeti kupon za kišu

Značenje: Odlažete neku ponudu ili poziv za kasnije (doslovno: uzeti kupon za kišu).

Ostavljate otvorenu mogućnost da prihvatite ponudu u nekoj sledećoj prilici, ili ne želite da se bakćete s tim da u tom trenutku nekoga direktno odbijate.

Primer: Pitate koleginicu da li želi da vam se pridruži na piću posle posla. Ona odgovara: „Drugi put (I'll take a rain check)", i tim odgovorom odbija vašu ponudu sada, ali nagoveštava da će je možda prihvatiti kasnije, ili ne želi da vam u tom trenutku kaže kategorično ne.

Poreklo: Ovaj izraz potiče iz kasnog 19. veka, iz američkog sporta bejzbola. Pošto se bejzbol igra napolju, utakmice bi se otkazivale kada bi padala kiša. Gledaoci bi potom uzeli „kupon za kišu" koji su mogli da iskoriste za narednu utakmicu.

Apelujemo da ne koristite ovaj idiom kao odgovor ako niste sigurni da druga strana zna šta znači izraz to take a rain check. Pošto nema veze sa kišom, muškarcu iz gornjeg primera bi moglo da bude čudno što koleginica pominje kišu. Situacija može postati još neprijatnija ako bi on pokušao da joj pruži objašnjenje tako što će otići do prozora i pokazati joj da ne pada kiša, te da mogu bez problema da odu na piće!

5. Pull the Plug

Meaning: To take decisive action to terminate something.

Example: The online pet supply retailer Pets.com attracted significant investments during the dot-com boom in the late 1990s. Despite its popularity and memorable marketing campaign featuring a sock puppet, Pets. 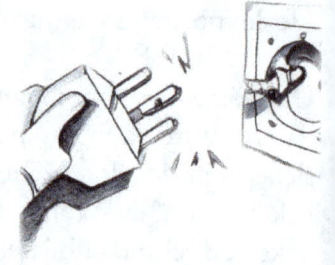 com faced high costs, low profit margins, and difficulty managing inventory. As the dot-com bubble began to burst in 2000, investor enthusiasm waned, and Pets.com faced significant financial losses and an inability to generate enough revenue. Ultimately, Pets.com decided to pull the plug on its business in November 2000 by shutting down its operations just nine months after its initial public offering. Here, "pull the plug" signifies the decisive action taken by Pets.com's management to discontinue the business due to its financial struggles and inability to achieve profitability.

Origins: This phrase originated from physically pulling a plug on an electrical device to cut off its power supply, causing it to stop functioning immediately. A similar American idiom is "cut your losses." Whereas pulling the plug implies an abrupt and immediate ending because something is no longer viable, cutting your losses focuses a bit more on minimizing efforts and ending something slowly rather than a necessary abrupt end.

Staviti tačku
Izvući utikač

Značenje: Preduzeti odlučan korak da se nešto odmah okonča (doslovno: izvući utikač).

Primer: Internet prodavac za kućne ljubimce Pets.com privukao je investicije tokom dot-kom balona devedesetih. Uprkos velikoj popularnosti, Pets.com su dočekali visoki troškovi i niske profitne marže. Kako je dot-kom balon počeo da puca 2000. godine, elan je splasnuo, a Pets.com se suočio sa finansijskim gubicima i nemogućnošću da profitira. Na kraju, Pets.com je stavio tačku (pulled the plug) na svoje poslovanje u novembru 2000. godine, samo devet meseci nakon inicijalne javne ponude svojih akcija.

Poreklo: Izraz je nastao po uzoru na čin fizičkog izvlačenja utikača na električnom uređaju kako bi se prekinulo njegovo napajanje strujom, zbog čega odmah prestaje da funkcioniše.

Izraz sličan ovom je „smanjiti gubitke." „Staviti tačku" se više odnosi na prekidanje nečega što više nije održivo i što podrazumeva trenutnu akciju. „Smanjiti gubitke" ima slično značenje, ali više naginje sledećem, blažem značenju: „Možda možemo ovo da nastavimo, ali je bolje da smanjimo gubitke i prekinemo poslovanje."

6. Keep Your Nose to the Grindstone

Meaning: Work diligently and persistently without getting distracted or giving up.

This idiom conveys the need to stay focused and dedicated to a task or goal, even when it requires great effort or becomes challenging.

Example: Your boss walks over to your desk and says, "We have a big deadline coming up, and I need you to put in extra effort to make sure we meet the deadline. Can you keep your nose to the grindstone throughout next week?" In this scenario, your manager is asking if you can stay focused on the task efficiently and persistently throughout the next week.

Origins: Back in the day of water-powered mills, it was critical to ensure the grindstone wheel was turning correctly, did not come out of its track, and was doing what it was supposed to do. The phrase also refers to holding a tool, like a knife or an ax, against a grindstone with one's nose close to the stone to maintain the proper angle for sharpening tools.

This idiom is frequently heard at work from the bosses. It is also used by parents at home to encourage kids to keep studying. The connotations are positive or negative depending on whether one's nose is kept close to the grindstone.

Raditi naporno, istrajno, i pažljivo
Priljubiti nos uz žrvanj ili brusni kamen

Značenje: Raditi vredno, bez odustajanja, i pažljivo (doslovno: priljubiti nos uz žrvanj ili brusni kamen).

Označava potrebu da ostanete usredsređeni i posvećeni cilju, što zahteva veliki i stalni napor, a usput i pažnju na svaki pojedinačni zadatak pred vama.

Primer: Šef prilazi vašem kancelarijskom stolu i kaže: „Čeka nas veliki projekat sa kratkim rokom. Potrebno je da uložite kontinuiran napor kako bismo sve završili kako treba i ispunili rok. Molim vas, radite naporno i istrajno (keep your nose to the grindstone)". U ovom scenariju vaš šef želi da sve vreme ostanete usredsređeni.

Poreklo: Davnih dana, u vodenicama, priljubiti nos uz žrvanj, metaforično govoreci, podrazumevalo je stalni nadzor i trud da žrvanj radi ispravno, to jest melje žito kako treba. Takođe, ovaj izraz se odnosi na čin držanja alata, npr. noža ili sekire, uz brusni kamen kako bi se sve vreme držao pod odgovarajućim uglom prilikom oštrenja.

Ovaj izraz često izgovaraju šefovi na poslu ili roditelji u kući povodom učenja. Od toga koliko vam je „nos priljubljen uz žrvanj" zavisi da li je konotacija izraza pozitivna ili negativna.

7. Barking Up the Wrong Tree

Meaning: To pursue the wrong strategy or action.

If someone says this to you, they are trying to inform you that they believe you are pursuing a misguided course of action by directing your effort in the wrong direction, contacting the wrong person, or simply missing the point.

Example: A sales representative struggles to close deals with a particular customer segment. The sales manager tells the rep, "I think you are barking up the wrong tree. This customer segment might not be the right fit for our product."

Origins: The phrase refers to a hunting dog barking at a tree where they think the prey is hiding, but the prey has escaped to another tree. However, the dog has not figured that out and still barks at the wrong tree.

U pogrešnoj se crkvi moliš
Lajati na pogrešno drvo

Značenje: Sledite pogrešnu strategiju ili akciju (doslovno: lajati na pogrešno drvo).

To znači da usmeravate trud u pogrešnom pravcu, obraćate se pogrešnoj osobi ili ste, figurativno, pogrešili adresu.

Primer: Komercijalista pokušava da zaključi posao sa određenom vrstom kupaca, ali prodaja ne nailazi na uspeh. Menadžer kaže komercijalisti: „Mislim da se pogrešnoj crkvi moliš (barking up the wrong tree). Ovaj segment kupaca nije odgovarajući za naš proizvod, jer mladi ljudi to ne kupuju".

Poreklo: Ovaj izraz se u početku odnosio na lovačkog psa koji tokom lova juri plen. On laje na drvo na kojem misli da se plen nalazi kako bi ga naterao da siđe, ali plen je već skočio na drugo drvo. Kako pas to ne shvata, on laje ispod drveta na kojem više nema nikog.

8. Ducks in a Row

Meaning: To have things in order. Being prepared to move forward in a "formation" that we know works.

Example: Before launching the new product, the marketing manager might say, "We need to get our ducks in a row before we announce the new product. We need to ensure that the website is ready, the social media accounts are updated, the press release is written, and all of the necessary promotional materials and content are prepared."

In this context, getting their "ducks in a row" means the team needs to have their preparations completed and components in the proper place before they announce the new product to ensure the launch will be orderly and successful.

Origins: The phrase is believed to come from the image of a mother duck leading her ducklings in a straight line, with each duckling in its place following the duck ahead. It suggests that to succeed, it is essential to have all of the details organized and arranged logically and efficiently.

Dovesti sve u red
Pačići su poređani

Značenje: Dovesti sve u red (doslovno: pačići su poređani). Podrazumeva da su svi detalji rešeni, sve je na svom mestu, i spremni smo za da nastavimo sa poslom u „formaciji" za koju znamo da će dati rezultate.

Primer: Kada se grupa priprema za plasman novog proizvoda, marketing menadžer kaže: „Moramo prvo da vidimo da li je sve u redu (ducks in a row) pre nego što lansiramo novi proizvod. Treba da proverimo da li je veb-stranica spremna, da li su nalozi na društvenim mrežama ažurirani, da li smo napisali saopštenje, i da li smo pripremili promotivni materijal i sadržaj". U ovom kontekstu „dovesti sve u red" znači da treba završiti sve pripreme i pobrinuti se za sve segmente u ovoj fazi projekta pre nego što se novi proizvod najavi, kako bismo bili sigurni da je sve spremno za finalni korak.

Poreklo: Ovaj izraz verovatno potiče od prizora mame patke koja je poređala svoje pačiće jedno iza drugog. To znači da je za uspeh važno da su svi detalji precizno organizovani, logično raspoređeni, i da se utvrđeni protokol poštuje.

U širem smislu, ovaj idiom takođe znači da treba slušati lidere pošto oni znaju kako nešto funkcioniše. Logično je pridržavati se onoga što se pokazalo efikasnim kako ne bismo skrenuli s puta, kao pratiti mamu patku.

9. Chip on Your Shoulder

Meaning: This idiom refers to holding a grudge or harboring resentment toward someone or something. This often results in being easily provoked or confrontational.

Example: An employee who has worked at the company a long time feels that he was unfairly passed over for a promotion. He began to feel resentful and bitter toward the colleague who received the promotion, which affected his interactions with colleagues. A coworker might notice this behavior and ask the employee, "Why do you have a chip on your shoulder? You should let go of the resentment and focus on doing your job well. There will be other opportunities for promotion in the future."

Origins: One story suggests that this idiom comes from placing a wood chip on one's shoulder or daring others to knock it off as a challenge to a physical fight. The phrase has since evolved to describe someone who is easily provoked or quick to take offense as if they are daring others to knock the proverbial chip off their shoulder so that they can turn hostile. This idiom rarely, if ever, has a positive connotation.

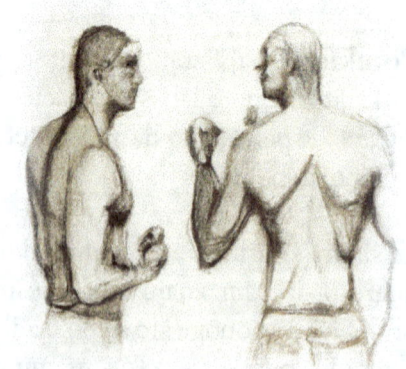

Kivan na nekoga
Imati iverice na ramenu

Značenje: Osećati ljutnju ili ogorčenost prema nekom ili nečemu zato što ste zlopamtilo i skloni ste sukobima sa drugima (doslovno: imati iverice na ramenu).

Primer: Radnik koji je dugo zaposlen u kompaniji smatra da su mu nepravedno uskratili unapređenje. Ogorčen je, što utiče na kvalitet njegovih odnosa sa drugima. Kolega koji je to primetio mu kaže: „Zašto si kivan (Why do you have a chip on your shoulder)?", to jest, pita ga zašto je zlopamtilo i dodaje, „Pusti sad bes, biće novih prilika za napredovanje u budućnosti".

Poreklo: Jedna priča kaže da ovaj idiom potiče od zastarele prakse u SAD da se malo iverice stavi na rame, kako bi se time izazvala druga osoba da je ukloni. Na taj način se pokazuje želja da se izazove dvoboj ili fizički obračunom. Izraz se zadržao u istom obliku, samo što danas opisuje nekoga ko se lako ljuti. Takvim postupkom (stavljanjem iverice na rame) on izaziva druge da mu sklone ivericu s ramena kako bi imao razlog da ih napadne. Konotacija za ovaj idiom u SAD je skoro uvek negativna i upućuje na ljude koji su ogorčeni i agresivni. Prijatelj im može preporučiti: Skloni sam tu overicu sa tvog ramena, što znači, prestani da izazivaš druge na okršaj.

10. Reader's Digest Version

Meaning: A shortened or condensed version of a story, book, or an explanation.

When someone asks for the "Reader's Digest version," they want a summary of the information. Similar phrases are "to make a long story short" or "less is more." Ivo Andrić, the Serbian Nobel Prize winner for literature, said in one letter to a friend, "Today I have a lot of time, and will write you a short letter."

The connotation of the idiom is negative if someone is asking for the reader's digest version to imply you cannot make a point. It is neutral when there is no time for long stories, and a brief recap will suffice.

Example: Someone is explaining an idea or situation, and another person wants a more straightforward explanation, so they say, "Can you give me the Reader's Digest version?" This implies that they are looking for a shorter, more straightforward explanation that gets to the point faster.

Origins: This phrase is named after Reader's Digest magazine in the US, known for publishing condensed versions of books and articles.

Skraćena verzija

Značenje: Sažeta verzija knjige, priče, ili objašnjenja

Ako vam neko traži dajdžestiranu verziju, posredno vas je zamolio da skratite priču i pređete na suštinu. Sličan izraz je „skrati priču". Ivo Andrić, dobitnik Nobelove nagrade za književnost, u pismu prijateljici kaže: „Danas imam vremena, napisaću vam kratko pismo".

Primer: Neko objašnjava situaciju, ali nikako da dođe do poente priče. Sagovornik želi sažeto objašnjenje, pa pita: „Možeš li mi dati skraćenu verziju (reader's digest version)?" To znači da traži srž teme bez potrebe za dugom besedom. Ako odugovlačite sa poentom priče, konotacija ovog izraza je negativna jer niste u stanju da predočite poentu. Ako u tom trenutku samo nemate vremena da slušate celu priču, konotacija je neutralna jer idiomom poručujete da vam je sažeta verzija u tom trenutku dovoljna da razumete suštinu priče.

Poreklo: Izraz je nastao na osnovu časopisa „Reader's Digest" u SAD, koji je poznat po objavljivanju sažetih verzija knjiga.

11. Flying off the Handle

Meaning: To suddenly become upset, angry, or lose your temper due to a relatively minor inconvenience.

Example: A manager is under pressure to meet a tight deadline. A team member approaches him with a minor issue that is easily solvable. However, the manager overreacts and flies off the handle in response to a minor inconvenience. The team member notices the manager's overreaction and says, "You're ==flying off the handle==. Let's take a step back and approach this a bit more calmly."

Origins: Since the Industrial Revolution, many tools, such as hammers and axes, have been made with wooden handles attached to the metal head with a wedge. However, the wedge often came loose until the fitting process became more reliable. This meant that the tool's iron head could suddenly detach from the wooden handle, which would then fly off, posing an abrupt risk of injury to the user and others nearby.

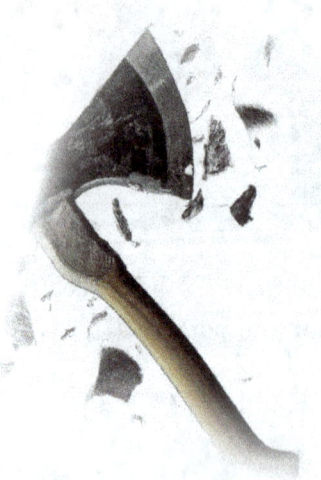

The connotation of this idiom is virtually always negative, and it implicates a hot-headed person with all its drawbacks.

Prasnuti
Odleteti sa ručke

Značenje: Iznenada se uznemiriti, naljutiti, ili izgubiti živce na eksplozivan način bez nekog većeg razloga.

Primer: Menadžer je pod pritiskom da ispoštuje kratak rok. Član tima mu se obraća zbog manjeg problema koji je lako rešiv. Međutim, zbog ogromnog stresa menadžer impulsivno reaguje i prasne usled manje neprijatnosti. Zaposleni primećuje preteranu reakciju i odgovara: „Zašto si prasnuo? Hajde da se vratimo korak unazad i da pristupimo ovome malo smirenije i racionalnije."

Poreklo: Tokom Industrijske revolucije mnogi alati, kao što su čekić i sekira, pravili su se sa drvenim ručkama koje su bile pričvršćene za metalnu glavu alata. U početku ovakva proizvodnja nije bila savršena. Ako bi se glava olabavila i iznenada odvojila od ručke alata, ona bi odjednom odletela, što je predstavljalo opasnost od povrede za korisnika i ostale koji bi se našli u blizini. Pošto se to dešavalo iznenada, ovaj idiom se danas koristi za neočekivane ispade nervoze.

Konotacija ovog izraza skoro nikada nije pozitivna. Ukazuje na usijanu glavu.

12. Chomping at the Bit

Meaning: To be eager and impatient to start.

If someone is "chomping at the bit," they eagerly anticipate the start of a project, task, or event and find it difficult to wait patiently. It suggests a high excitement and enthusiasm for what is about to come.

Example: Your coworker says, "Sara has been chomping at the bit to start on the new project ever since she heard about it. She's been asking daily when we can get started, and I can tell she's eager to dive in." In this example, "chomping at the bit" describes Sara's eagerness and impatience to start working on the new project. It suggests that she is enthusiastic about starting and may find it difficult to wait patiently.

Origins: The phrase comes from the behavior of horses. They are held back by a metal bit put sideways in their mouths attached to the harness held by the rider. This contains the horse while waiting to start a race or pull a carriage. The horses often become restless and chomp (chew) on the metal bit in their mouth to show their eagerness to start moving. In our experience, most people have no idea what the "bit" is, and some think it is "champing" at the bit, which is incorrect. Nonetheless, the idiom is used frequently.

Biti nestrpljiv
Grize đem

Značenje: Biti željan i nestrpljiv da se nešto započne. Ako neko chomping at the bit, on željno iščekuje početak zadatka/događaja i teško mu je da bude strpljiv. Ukazuje na veliko uzbuđenje i elan u pogledu onoga što dolazi.

Primer: Kolega vam kaže: „Sara je želela da započne novi projekat otkako je čula za njega. Stalno pita kada možemo da počnemo, nestrpljiva je." U ovom primeru opisuje se Sarina želja i nestrpljenje da započne novi projekat. Odnosi se na to da jedva čeka da počne i da joj je teško da bude strpljiva, što se po njoj i vidi.

Poreklo: Ovaj izraz potiče od ponašanja konja. Oni se drže na mestu pomoću metalnog đema koji im se stavlja u usta i povezan je sa uzdama koje drži jahač. Konji tada često postaju nemirni i počinju da žvaću đem u ustima kako bi pokazali da žele da krenu.

Prema našem iskustvu, većina ljudi u gradovima ne zna šta je konjska oprema, u koju spadaju đem, uzde, i amovi. Često se na engleskom pogrešno razume reč „chomping" (gristi), što smo i opisali u delu na engleskom (vidite levu stranu). Uprkos tome, ovaj idiom se često koristi.

13. Rule of Thumb

Meaning: A general guideline based on practical experience or common knowledge rather than a precise measurement.

Example: A global management consultant advises international entrepreneurs on pricing strategies. The consultant might say, "When setting your prices, a good rule of thumb is to aim for a profit margin of 20%. This is a general guideline, but it has been shown to ensure a healthy financial foundation for your business."

In this context, the phrase "rule of thumb" conveys a practical and approximate guideline that can be applied to make more informed decisions. It illustrates the notion that the advice is based on shared knowledge and practical experience that can be given right away rather than formulas, scientific conclusions, or exact calculations, which may not be available.

Origins: The phrase has been in use since the 17th century. Although its precise origin is unknown, it originates from an old and practical method of measurement using a thumb. It is believed that people would use their thumbs as a rough measuring tool, estimating the length or size of objects based on the length of their thumbs. Using something readily available, such as a thumb or foot, was a common practice before measurement instruments, as is using a cubit (approximately elbow to the end of an outstretched middle finger) in the Bible.

Praktično pravilo
Pravilo palca

Značenje: Opšte uputstvo zasnovano na praktičnom iskustvu ili opštem znanju, a ne na preciznom merenju.

Primer: Konsultant za globalno upravljanje savetuje grupu preduzetnika iz raznih zemalja o strategijama formiranja cena. On objašnjava: „Kada formirate cene, praktično pravilo je da težite profitnoj marži od 20%. To je opšta smernica, ali se pokazala delotvornom za zdravu finansijsku osnovu u poslovanju". U tom kontekstu, izraz se koristi da prenese praktične i okvirne smernice koje se mogu primeniti za donošenje bolje informisanih odluka, u ovom slučaju onih koje se odnose na cene i profitabilnost. To upućuje na ideju da je savet koji se daje zasnovan na opštem znanju i praktičnom iskustvu, a ne na formulama ili proračunima, koji možda nisu dostupni ili i ne postoje.

Poreklo: Ovaj izraz je u upotrebi od 17. veka. Iako je njegovo tačno poreklo nepoznato, zna se da potiče od starog metoda praktičnog merenja pomoću palca. Ljudi su koristili svoje palčeve kako bi ugrubo izmerili neku dužinu ili veličinu. Korišćenje dostupnih instrumenata za merenje bila je praksa u ranijim vremenima kada precizne mere nisu postojale, pa je, na primer, u Bibliji postojala mera koja se nazivala lakat (rastojanje od lakta do vrha ispruženog srednjeg prsta).

14. Beating a Dead Horse

Meaning: Continuing to discuss or argue about something that has already been decided and settled.

This idiom suggests that continuing the argument is like trying to make a dead horse move by beating it more. The phrase criticizes someone for persistently raising a topic that has already been addressed and is no longer worth discussing.

Example: A team agrees on a course of action. However, one team member, Bob, continues to bring up the same issue and suggests alternative solutions, even though the team has already determined the course of action they will pursue. Another team member might say to Bob, "We have already decided. Let's move on. You are beating a dead horse by continuing to bring up that same issue."

Origins: The earliest written reference to the phrase appears in the US in the New York Times in 1887. The phrase relates to horse racing, where a horse that died on the track (due to exhaustion) needed to be removed from the track so as not to impede other horses in the race. The image of a person continuing to beat a dead horse (to see if it would move on its own) emphasizes the futility of trying to revive something beyond repair. This old phrase refers to the waste of time, not cruelty to animals.

Raditi uzaludan posao
Tući mrtvog konja

Značenje: Ovaj idiom govori, na primer, da je nastavljanje rasprave u datom trenutku slično teranju mrtvog konja da se pomeri time što ga još više tučete. Izraz se koristi kao kritika nekome ko uporno pokreće temu koja je već obrađena i o kojoj više nema smisla pričati.

Primer: Tim koji zajedno radi na projektu dogovorio je pravac delovanja. Međutim, jedan član nastavlja s istim pitanjem i alternativnim rešenjima, iako je pravac delovanja već dogovoren. Neko mu kaže: „Već smo doneli odluku. Nastavićemo u ovom pravcu. Uzalud insistiraš na toj prežvakanoj priči".

Poreklo: Ovaj izraz se prvi put pominje 1887. godine u „Njujork tajmsu" u SAD. Vezuje se za konjske trke, gde je mrtvog konja trebalo ukloniti sa staze kako ne bi ometao trku i ostale konje. Prizor osobe koja nastavlja da tuče mrtvog konja kako bi videla da li će se on pokrenuti pokazuje uzaludnost nastavljanja priče koja je već završena.

15. Bull in a China Shop

Meaning: Someone clumsy and prone to causing damage in delicate or sensitive situations.

The expression is often used to criticize someone for their lack of finesse or consideration for others and for creating difficulties where there were none before. A person described as "a bull in a china shop" is someone who acts carelessly and causes problems or creates chaos in delicate situations.

Example: John and colleagues are negotiating a complex business deal with ABBA Company. During the meeting, John makes several reckless and impulsive statements that offend executives at ABBA and threaten to derail the deal. One of John's colleagues might say, "We need to be more careful. John is acting like a bull in a china shop. His recklessness may undermine the deal we are trying to make."

Origins: The earliest known written reference to the phrase appears in "The Pickwick Papers" by Charles Dickens, published in 1837. It refers to an image of an angry bull breaking fragile dishes as it bucks around in a shop full of fine china. A similar idiom is "rough around the edges," or not polished.

Slon u staklarskoj radnji
Bik u prodavnici porcelana

Značenje: Neko je nespretan i sklon nanošenju štete u škakljivim i osetljivim situacijama.

Izraz se koristi da bi se uputila kritika za manjak osećaja ili obzira prema drugima, kao i za stvaranje poteškoća tamo gde ih prethodno nije bilo. Osoba koja se opisuje kao slon u staklarskoj radnji ponaša se nesmotreno i izaziva probleme u situaciji koja zahteva da se bude pažljiv.

Primer: Kompanija A pregovara o osetljivom poslovnom dogovoru sa drugom kompanijom. Tokom sastanka Jovan izgovara niz drskih i impulsivnih izjava, koje vređaju drugu stranu i prete da ugroze saradnju. Jovanov kolega iz kompanije A kaže: „Moramo biti opreazniji. Jovan se ponaša kao slon u staklarskoj radnji i ugroziće nam dogovor."

Poreklo: Najranije poznato pisano pominjanje ovog izraza je u „Pikvikovom klubu" Čarlsa Dikensa, objavljenom 1837.

16. If Push Comes to Shove

Meaning: When the pressure is on and going gets tough, a person must be prepared to make tough decisions and act.

The phrase suggests that when a bad situation progresses to severe or intense, a person must be willing to take decisive and forceful steps not to get hurt and prevail in the situation.

Example: You are facing a deadline to complete a significant project, but roadblocks are preventing your progress. Your boss says to you, "You have tried different approaches, but when push comes to shove, you must make the tough decision and take a more aggressive approach." The expression "when push comes to shove" is being used to emphasize the need for determined action in a challenging and escalating situation.

Origins: This idiom appears to have originated as a colloquial expression in the early 20th century in the US, describing a situation in which a person was forced to make a difficult decision and take action amid mounting pressure.

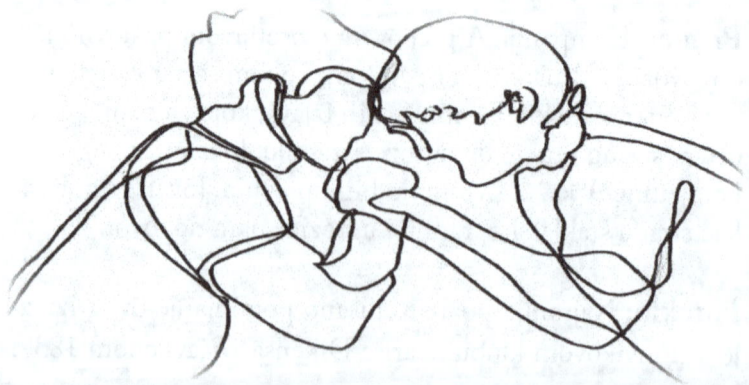

Kad dođe stani-pani
Ako dođe do guranja

Značenje: Kada postoji pritisak i krenu nevolje, čovek mora biti spreman da donese teške odluke i uzme stvari u svoje ruke.

Ovaj izraz se odnosi na to da, kada već loša okolnost postane još ozbiljnija ili mučnija, čovek treba da bude spreman da preduzme odlučne korake kako bi se sačuvao i u svoju korist rešio okolnosti koje su se izmakle kontroli.

Primer: Imate rok za važan projekat, ali naišli ste na prepreke koje vas sprečavaju da se krećete ka cilju. Šef vam kaže: „Probao si različite pristupe, ali kada dođe stani-pani, morate biti spremni na teške odluke i agresivan pristup." Taj izraz naglašava potrebu za odlučnošću i akcijom u izazovnim okolnostima.

Poreklo: Veruje se da je nastao kao kolokvijalni izraz u ranom 20. veku u SAD kako bi opisao situaciju u kojoj je neko bio primoran da preduzme akciju. To jest, ako dođe do guranja, verovatno će doći i do tuče. Kad se već nađemo u takvim okolnostima, bolje je da mi udarimo prvi, što je još jedan američki idiom koji ćemo objasniti na narednim stranicama.

17. Out of the Gate

Meaning: A fast start or quick action.

The expression describes someone who starts with great energy or enthusiasm, like a horse leaving the starting gate at the beginning of a race. More generally, "out of the gate" describes a quick and energetic start by someone on any task.

Example: A team member takes the lead on a new project and demonstrates much energy and enthusiasm for it. Someone on the team might say, "Peter sure came out of the gate strong, with a lot of energy and ideas for the project."

Origins: In horse racing, horses are behind the starting gate before the race. When the race starts, the horses run out of the gate with power and speed. The expression has been adopted to describe a powerful and fast start to any effort or undertaking. The phrase is also used to emphasize the need for a fast start to get ahead, similar to "come out swinging."

Od samog starta
Pravo s kapije

Značenje: Od početka neke akcije.

Izraz se koristi da opiše nekoga ko krene s mnogo energije i elana, poput konja koji istrčava iz padoka (kapije) na početku trke. U širem smislu, out of the gate opisuje brz i energičan početak nekog zadatka koji je pred vama.

Primer: Član tima preuzima upravljanje novim projektom i pokazuje mnogo poleta. Neko kaže: „Petar je krenuo od samog starta brzo i sa puno energije u projekat koji ga čeka".

Poreklo: Konji su pre trke pozicionirani u padoku. Kada trka počne, konji snažno i brzo istrčavaju kroz kapiju. Ovaj idiom je usvojen kako bi opisao snažan i brz početak poduhvata koji je pred nama. Implicira motivaciju i želju da se što pre započne sa radom i postignućima.

U Srbiji postoji suprotan izraz. Na primer, ako šef pita: „Da li je on počeo zadatak?", neko može da odgovori: „Ne, još uvek 'vata zjale" kako bi saopštio da je radnik nezainteresovan i da gubi dragoceno vreme.

18. Play Hardball

Meaning: Use an aggressive, if not confrontational, approach to a situation.

This phrase suggests a tough and uncompromising approach, where one uses tactics considered aggressive or even unfair.

Example: In a business negotiation, one of the negotiators might say to the team, "We're going to have to play hardball if we want to get the best deal." This implies they will be assertive and play tough in their bargaining tactics.

Origins: The expression comes from baseball, where "hardball" is a harder and heavier ball than the lighter "softball," which children and women use. A hardball travels faster and hurts more if someone gets hit by it. Playing hardball in business means using a similarly tough approach. This does not necessarily imply that playing hardball is always a good choice. Playing softball could be more appropriate in different situations.

Krenuti silovito
Igrati tvrdom loptom

Značenje: Agresivno pristupiti situaciji.

Ovaj izraz upućuje na oštar stav, kada je neko spreman da primeni taktiku koja se smatra agresivnom, možda i nepoštenom, kako bi postigao svoje ciljeve.

Primer: U poslovnim pregovorima jedan od pregovarača može reći: „Moraćemo da krenemo silovito ako želimo da dobijemo najbolju ponudu." To implicira da će biti žestoki i uporni u taktici pregovaranja.

Poreklo: Izraz dolazi iz američkog sporta bejzbola, gde je „hardbol" vrsta lopte koja je tvrđa i teža od mekšeg, lakšeg „softbola," ili meke lopte kojom igraju deca. Tvrda lopta leti brže i više boli ako vas neko njome udari.

U širem smislu, igranje „tvrdom loptom" u poslovnom kontekstu označava primenu oštrog i beskompromisnog pristupa. To ne znači da je igranje tvrdom loptom uvek najbolje rešenje. Ponekad je blaži pristup mekom loptom poželjniji. Kojom loptom treba igrati, zavisi od situacije u kojoj se nalazimo.

19. All Hands on Deck

Meaning: Everyone is needed to help with a task.

This phrase implies there is a situation with a sense of urgency or emergency; everyone must work together to fix the issue.

Example: If a deadline is approaching and your team is not making enough progress, the team leader might call a meeting and say to everyone, "We have a big project due next week, so we need all hands on deck to get it done." This phrase implies that every team member must work together hard and now to ensure success.

Origins: This idiom comes from maritime terminology, where "all hands" refers to the ship's crew, and "on deck" means that everyone is needed to help, sometimes on the deck of the ship. Regardless of rank or position, all crew members are expected to drop what they are doing and report to the deck to assist in the effort. This command is used by the captain or senior officer when quick action is required. The phrase is used in almost every context today, especially in business where urgent problems pop up fairly frequently.

Upregnuti sve snage
Staviti sve ruke na palubu

Značenje: Potrebno je da svi pomognu u zadatku ili okolnostima. Često opisuje nešto što hitno treba uraditi, a od svih se traži da zajedno rade na rešavanju tog problema.

Primer: Približava se rok, a tim ne napreduje dovoljno brzo. Šef je sazvao sastanak i rekao: „Imamo važan projekat čiji je rok sledeće nedelje, tako da je potrebno da upregnemo sve snage da ga završimo na vreme." Ovaj izraz ukazuje na to da će svi članovi tima morati da rade zajedno, vredno, i brzo kako bi se hitan projekat završio na vreme.

Poreklo: Ovaj idiom potiče iz pomorske terminologije, gde se „sve ruke" odnose na celu posadu broda, a „na palubu" znači da treba usmeriti pažnju na najbitniji deo broda. Od svih članova posade očekuje se da ostave po strani ono što rade u tom trenutku i da se jave na palubu da pomognu. Komandu izdaje oficir i poziva na brzu akciju sve u posadi da reše hitan problem. Ovaj idiom se koristi u raznim kontekstima, a pogotovu u biznisu, gde se hitni problemi stalno pojavljuju.

20. Glass Ceiling

Meaning: No upward career mobility, and the barrier is invisible due to discrimination.

Example: Despite making up a significant portion of the workforce, women are not afforded the same opportunities for advancement as others and are often paid less for the same work. This disparity reflects the glass ceiling women face at work, and it highlights the persistence of gender discrimination. The term "glass" depicts the invisibility of the ceiling, meaning that women can see the potential for promotions, but cannot break through due to discrimination. The promotion is objectively possible, but barriers are hidden.

Origins: The term was first used in the late 1970s and early 1980s in the US to describe women's obstacles in the workplace. It has become a part of the working vocabulary.

Stakleni plafon

Značenje: Stagniranje u karijeri zbog diskriminacije, pri čemu je barijera/plafon nevidljiv.

Primer: Uprkos tome što čine značajan deo zaposlenih u firmama, žene nemaju iste mogućnosti za napredovanje na poslu kao njihove muške kolege i često su manje plaćene za isti posao. Taj disparitet je primer efekta staklenog plafona i pokazuje koliko je ovaj vid diskriminacije na poslu prisutan. Rečju „staklo" opisuje se da je plafon nevidljiv, što znači da žene vide pozicije koje su iznad njihovih, ali ne mogu da se probiju do njih zbog diskriminacije. Pozicije deluju kao da su nadohvat ruke, ali sistemske prepreke do njih su skrivene.

Poreklo: Termin je prvi put upotrebljen kasnih sedamdesetih i ranih osamdesetih u SAD da opiše prepreke sa kojima su se žene suočavale na radnom mestu. Danas je deo uobičajenog poslovnog rečnika.

21. Off the Cuff

Meaning: To speak or act without prior preparation.

This phrase describes someone who can speak confidently and effectively without relying on a prepared script or notes. Instead, they rely on their instincts and knowledge and spontaneously handle the situation in an impromptu manner. In this sense, it refers to a natural, unscripted style of speaking where the speaker improvises and reacts as needed.

Example: If a person is asked a difficult question during an interview and can provide a thoughtful and articulate response without relying on prepared talking points, the interviewer might make a note that the candidate is talented at answering "off the cuff."

Origins: This phrase comes from making notes on a shirt cuff before a speech or performance. Speakers used this technique to help them remember what to say.

If improvisation is necessary, this idiom has a positive connotation. If preparation is expected, it has a negative connotation, implying a lack of diligence. An idiom with a similar meaning is flying by the seat of your pants.

Bez pripreme
S manžetne

Značenje: Govoriti ili delovati spontano, bez pripreme.

Ovaj izraz se koristi da opiše nekoga ko ume da govori samouvereno i pouzdano bez oslanjanja na unapred pripremljeni tekst ili beleške. Umesto toga, služi se sopstvenim instinktima i veštinama. U tom smislu off the cuff se odnosi na prirodni, spontani govor, gde onaj ko nešto govori ume da se snađe i u trenutku reaguje na reči sagovornika.

Primer: Ako se nekom postavi teško pitanje tokom intervjua za posao, i ako ta osoba ume da pruži promišljen odgovor bez oslanjanja na pripremljene teze, možemo reći da taj kandidat zna kako da reaguje bez pripreme.

Poreklo: Ovaj izraz potiče od prakse pravljenja beleški na manžetnama košulje pre govora ili nastupa. To je bila uobičajena tehnika koju su govornici koristili kako bi se setili svog teksta. Ako je tokom držanja govora neophodna improvizacija, ovaj idiom ima pozitivnu konotaciju. Ako se pak očekivalo da se govornik unapred pripremi, ovaj izraz ima negativnu konotaciju pošto pokazuje da niste uradili domaći zadatak za taj nastup. Idiom flying by the seat of your pants ima slično značenje.

22. Behind the 8 Ball

Meaning: The idiom describes a disadvantageous situation in which action is to be undertaken. The focus is on the challenges inherent in making the next move.

Example: A company is trying to launch a new product, but they are already behind their development timeline and the investors are asking for an update. The CEO might say to the team, "We are behind the eight ball on this project. We need to figure out a way to catch up and to present to the investors our progress without revealing that we are behind schedule."

In this context, "behind the eight ball" means the company is in a difficult position. They are behind schedule and may struggle to make the next move to compete effectively.

Origins: The phrase comes from the game of pool (billiards), where the "8 ball" must be sunk as the last ball to win the game. But if you pocket it before the end, you lose the game. If a player is positioned to shoot from behind the "8 ball," they do not have a clear shot that avoids hitting it, yet they must still take a shot. Thus, they are in a difficult position to play from.

Biti u neprilici
Biti iza lopte broj 8

Značenje: Izraz se koristi za opisivanje nepovoljne situacije u kojoj je neophodno da se odigra naredni potez. Označava izazove s kojima se suočava onaj ko treba da napravi sledeći korak.

Primer: Kompanija pokušava da plasira novi proizvod, ali već kasni sa rokom za njegov razvoj. Direktor kaže: „Suočeni smo s neprilikama na ovom projektu i moramo da nađemo način da ih rešimo." U ovom kontekstu behind the 8 ball znači da je firma u nezahvalnoj poziciji iz koje je teško napraviti sledeći korak.

Poreklo: Izraz potiče iz bilijara, gde se lopta broj 8 poslednja ubacuje u rupu kako bi se pobedilo. Ako loptu broj 8 ubacite u rupu pre neke druge lopte, gubite partiju. Ako se igrač koji je na potezu nalazi blizu „iza lopte broj 8," a nema plan kako da je izbegne, on je u teškoj poziciji.

Pitanje je kako zaobići prepreku koja se ne može ukloniti, a mora se napraviti sledeći korak. Možemo da udarimo u tu prepreku, ali ako ode u rupu, izgubili smo igru. Dakle, bolje je ne dirati prepreku i naći neki zaobilazni put, ali to nije uvek moguće u složenim situacijama.

23. Coming Out of Ears

Meaning: A vivid way to describe that someone has too much of something.

This idiom is often used in a negative context. It suggests the abundance of something. Often, it implies that money or resources are being wasted or spent unnecessarily.

Example: Before negotiating to secure a sales contract, your boss might say, "If you can secure this deal, we are going to have money running out of our ears." This implies that there is abundant money to make if you can successfully close the deal.

Origins: This idiom was likely derived in the early 1900s in the US from a medical condition known as "otorrhea," an excessive discharge from the ear. Today, it means you have too much of something and nowhere to store it, so you spend it or use it in excess.

Višak nečega
Curi iz ušiju

Značenje: Živopisan način da se opiše da neko ima suviše nečega.

Izraz se često koristi u negativnom kontekstu. Pokazuje da se obilje nečega nepotrebno troši ili se koristi uzalud. Na primer, ako neko može da priušti nešto vrlo skupo, verovatno mu pare cure iz ušiju.

Primer: Pre nego što krenete u pregovore za potpisivanje kupoprodajnog ugovora, šef vam kaže: „Ako uspeš da obezbediš ovaj ugovor i mi dobijemo taj projekat, zaradićemo toliko novca da ćemo imati i višak."

Poreklo: Izraz je najverovatnije nastao početkom 1900-ih u SAD od medicinskog stanja koje se naziva otoreja i označava prekomernu sekreciju iz uha. Danas se koristi u značenju posedovanja previše nečega, nemate više gde da ga stavite, te obilje se maltene preliva iz vas. Ova fraza se često primenjuje u poslovnom svetu, ali i za aktivnosti koje označavaju višak nečega u svakodnevnom životu.

24. Elephant in the Room

Meaning: A problem that is obvious but is being ignored because it is uncomfortable to deal with it.

Example: At a meeting, you might say to your team, "We need to talk about the elephant in the room - the fact that our sales have been declining for the past year!" In this example, your company is experiencing a significant decline in sales, but nobody is talking about the problem because they do not want to deal with it.

Origins: The first known use was in the New York Times in 1959, but the phrase might have been used in oral communication before that. The general idea is of an elephant being so giant that it is unmissable, let alone in a room, yet everyone pretends it is not there. The impossibility of overlooking something obvious, which almost always means something negative in this particular idiom, portrays the absurdity of ignoring it.

Car je go
Slon u sobi

Značenje: Problem je ozbiljan i očigledan, ali se izbegava ili ignoriše jer je neprijatno suočiti se sa njim.

Primer: Na sastanku možete da kažete: „Moramo da razgovaramo o onome što je očigledno. Činjenica je da je prodaja u našoj firmi opala u poslednjih godinu dana! Bez obzira na to što firma prolazi kroz značajan pad u prodaji, niko taj problem ne pominje jer niko ne želi da izgovori to naglas". Ovaj idiom se može koristiti u raznim poslovnim i društvenim situacijama.

Poreklo: Prvi put se izraz našao u „Njujork tajmsu" 1959. godine, ali moguće je da se usmeno koristio i ranije. Smisao ove fraze je da je slon toliko veliki da je nemoguće da vam promakne, pogotovo u sobi, ali se svi i dalje prave da ga ne vide. Nedostatak želje da se vidi nešto toliko veliko u sobi, pogotovu što slon u ovom kontekstu uvek podrazumeva nešto negativno, pokazuje apsurdnost situacije.

25. Pull Out All the Stops

Meaning: Remove all barriers to success. Attempt to reach the full potential by utilizing all available resources.

Example: When Amazon was founded, it was one of many online bookstores trying to compete in a crowded market. However, Amazon's founder, Jeff Bezos, was determined to succeed and willing to pull out all the stops. Amazon expanded its product offerings and invested heavily in its distribution network, allowing it to offer fast and reliable shipping. It also introduced new features, such as its Prime membership program that helped it to build a loyal customer base. Despite challenges, Amazon never lost sight of its goal to become the leading online retailer. By pulling out all the stops, Amazon overcame its competition and established itself as a highly successful and innovative business.

Origins: This idiom originates from the musical instrument, the organ. While playing large organs, "pulling out all the stops" refers to pulling out all the organ's stops or knobs. This enables the maximum volume of sound to be realized. There are no restrictions left for the whole, unrestricted sound to unfold.

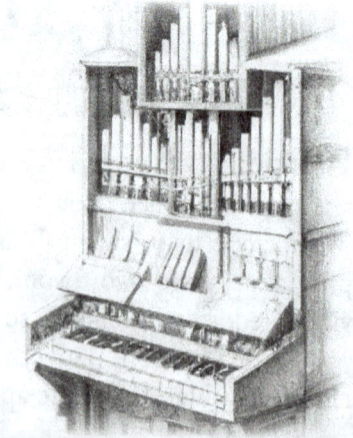

Ukloniti sve prepreke
Izvući sve graničnike

Značenje: Ukloniti sve što vas ograničava da postignete cilj. Ostvariti pun potencijal korišćenjem svih resursa.

Primer: Kada je osnovan „Amazon," bio je samo jedna od mnogih onlajn-knjižara koje su se takmičile na prepunom tržištu. Međutim, osnivač „Amazona," Džef Bezos,

odlučio je da uspe i bio je voljan da ukloni sve prepreke na tom putu. „Amazon" je proširio ponudu proizvoda, uložio u distributivnu mrežu, i uveo nove ponude, poput Prime članarine. Uprkos izazovima, „Amazon" nije gubio iz vida cilj da postane vodeći onlajn-prodavac. Uklanjanjem svih prepreka, prevazišao je konkurenciju i postao jedna od najinovativnijih kompanija.

Poreklo: Ovaj idiom potiče od muzičkog instrumenta orgulja. Kada se velike (crkvene) orgulje sviraju, izvlačenje graničnika se odnosi na povlačenje svih registara, ili dugmića orgulja, kako bi se dobio najjači zvuk. Dakle, sve prepreke su uklonjene kako bi se čuo najpuniji, najjači zvuk, ili kako bi se ostvario sav potencijal.

26. On the Fence

Meaning: Describes uncertainty about a decision.

Example: A company is considering investing in a new technology platform. Some members of the executive team are in favor of the investment, and others are more hesitant. One of the executives might say to another, "I'm still on the fence about this investment. I can see the potential benefits, but I'm not convinced it's the right move for us right now."

In this context, the idiom "on the fence" means that the executive is undecided or unsure of whether to support the investment. In other words, the executive is not taking a clear stance on the issue and is considering both the advantages and disadvantages before making the final decision.

Origins: The phrase comes from the image of someone sitting on a fence, not fully committing to one side or the other, unable to decide which side to choose.

Kome da se privolim
Na ogradi

Značenje: Koristi se da opiše nekoga ko još nije siguran koju odluku da donese, još je neopredeljen.

Primer: Kompanija odlučuje da li da investira u novu tehnologiju. Neki članovi upravnog odbora su za ulaganje, dok su drugi neodlučni. Jedan od rukovodilaca kaže: „Još se kolebam u pogledu ove investicije. Vidim njene koristi, ali nisam ubeđen da je to najbolji put za nas u ovom trenutku.

U ovom kontekstu, on the fence znači da se neko koleba da li da podrži investiciju ili ne. U takvoj su poziciji da ne moraju da zauzimaju jasan stav po tom pitanju i razmatraju prednosti i mane obe strane pre nego što donesu finalnu odluku.

Poreklo: Izraz je zasnovan na slici osobe koja sedi na ogradi, ne naginjući ni ka jednoj ni ka drugoj strani, jer ne može da odluči koju da izabere. Ta misao na srpskom glasi „Ni ovde, ni tamo" ili „Ni tamo, ni 'vamo."

27. Red Herring

Meaning: Misleading or distracting information that is included to steer attention away from the main issue.

Example: Imagine that a company's executive officers are accused of manipulating financial numbers to inflate revenue. During the investigation, the company's lawyers introduced evidence that one of the executives was going through a divorce, implying that the divorce caused the executive to be distracted and make mistakes. In this scenario, the evidence of the divorce is a red herring because it is irrelevant to the investigation of financial fraud. Including it in the court case is an attempt to distract the investigators from the real issue and to shift the focus to a personal matter that has little bearing on the company's financial misconduct. This tactic is commonly used in legal and business contexts to mislead or distract from the central point, factual evidence, or the truth.

Origins: The term comes from using a strong-smelling fish, such as a Red Herring, to distract hunting dogs from the scent of their prey. In the cowboy days, this tactic was used by outlaws when they were being chased.

Nešto što odvraća pažnju od poente
Crvena haringa

Značenje: Obmanjujuća ili ometajuća informacija podmetnuta kako bi se skrenula pažnja sa stvarnog problema.

Primer: Pretpostavimo da su rukovodioci kompanije optuženi da manipulišu finansijskim izveštajima kako bi povećali prihod. Tokom istrage advokati kompanije uvode dokaze da je jedan od rukovodilaca prolazio kroz razvod, što implicira da je razvod doveo do toga da se naprave greške. U ovom slučaju, podatak o razvodu odvraća pažnju od poente, jer je nevažan za istragu prevare. Uvođenje te informacije predstavlja pokušaj da se istražitelji odvrate od stvarnog problema i fokus pomeri na podatak iz privatnog života koji nema direktnog uticaja na loše finansijsko poslovanje kompanije.

Ova taktika se obično koristi u pravnim i poslovnim kontekstima kao način da se neko dovede u zabludu ili da se odvrati pažnja sa glavne teme, relevantnih dokaza i, na kraju, istine.

Poreklo: Termin potiče od prakse korišćenja ribe jakog smrada, kao što je crvena haringa, kako bi se lovački psi odvratili od mirisa plena kojeg jure. Ovu praksu su takođe koristili odmetnici dok su ih jurili kauboji.

28. Don't Throw the Baby Out with the Bath Water

Meaning: When making changes, this phrase means to be careful to avoid discarding valuable elements of what exists.

Example: A company trying to streamline its operations by eliminating non-profitable departments. In assessing which departments the company should retain and which ones they should eliminate, if they make the wrong choice, they risk losing valuable employees, resources, or knowledge. In this scenario, a manager might caution their colleagues not to "throw the baby out with the bath water" by being mindful of what resources are being eliminated to ensure that they retain the organization's most valuable assets while eliminating the least productive ones. In this example, the phrase could also imply that rather than eliminating entire departments, the company might want to consider identifying specific resources within departments that are unproductive, while retaining other valuable components within the department.

Origins: In the 16th century, US family members would take baths in order of their rank, with the head of the household going first, followed by others in order of status. By the time the baby's turn came, the water was so dirty that it was easy to lose sight of the baby in the murky water. Hence, the need to be careful not to accidentally throw out the baby with the dirty bath water.

Ne odbacujte nešto vredno u želji da se otarasite nečeg beznačajnog
Nemojte da bacite bebu zajedno sa vodom za kupanje

Značenje: Kada nešto promenite ili se otarasite nečega, pazite da ne bacite vredne delove zajedno s onima koji su neželjeni ili nepotrebni. Ovaj izraz se koristi kao upozorenje pri donošenju naglih odluka.

Primer: Kompanija koja pokušava da pojednostavi svoje poslovanje ukidanjem određenih timova ili neprofitabilnih funkcija, rizikuje da izgubi vredne stručnjake, resurse, i znanja. Stoga, menadžer može upozoriti kolege da slučajno ne odbace usput nešto vredno tako što će voditi računa o tome čega se odriču.

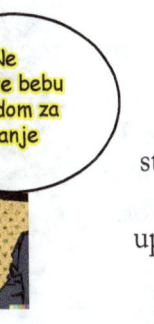

Ne bacajte bebu sa vodom za kupanje

Poreklo: U 16. veku porodice na tlu Severne Amerike su se kupale po rangu članova domaćinstva, pri čemu je prednost imala glava porodice, a zatim ostali po uzrastu. Dok bi beba došla na red, voda u kadi je bila toliko prljava da je bebu bilo lako izgubiti iz vida u mutnoj vodi. Stoga je trebalo biti vrlo pažljiv da se slučajno ne izbaci i beba zajedno sa prljavom vodom za kupanje.

29. Straw That Broke the Camel's Back

Meaning: A seemingly insignificant event on its own, but when put in the broader picture, it is the event that was the final, decisive factor leading to a larger, significant outcome. Minor incidents build-up, and the last event that triggers a change or decision is the "straw that broke the camel's back."

Example: In the early 2000s, Blockbuster was one of the biggest video rental companies in the world. However, the rise of online streaming began to diminish their market share. Blockbuster tried to adapt by launching its online rental service and introducing kiosks that allowed customers to rent movies. However, these efforts failed. In 2010, Blockbuster filed for bankruptcy. The "straw that broke the camel's back" was the failure of Blockbuster's online rental service which was plagued by technical problems and lacked user-friendliness.

Origins: The idiom comes from a fable attributed to the Greek storyteller Aesop. In it, a camel was continually loaded with straw until the last straw added more weight than the camel could bear, and it broke its back. In Britain, they say that an event was the "last straw."

Kap koja je prelila čašu
Slamku koja je slomila kamili kičmu

Značenje: Naizgled beznačajan događaj sam po sebi, koji je zapravo konačni, odlučujući faktor koji dovodi do mnogo većeg i značajnog negativnog ishoda. Nagomilali su se manji incidenti, a poslednji je dodao straw that broke the camel's back. Treba znati gde je granica da ne preteramo.

Primer: Početkom 2000-ih, „Blockbuster" je bio jedna od najvećih kompanija za iznajmljivanje video-kaseta na svetu. Međutim, porast onlajn-striminga počeo je da smanjuje njihov tržišni udeo. „Blockbuster" je pokrenuo sopstvenu uslugu onlajn-iznajmljivanja i uveo onlajn-kioske koji su omogućavali kupcima da iznajmljuju filmove. Međutim, taj pokušaj je propao. Godine 2010. „Blokbaster" je podneo zahtev za bankrot. Kap koja je prelila čašu bio je neuspeh „Blockbuster" usluge iznajmljivanja na mreži, koja je bila puna tehničkih problema i nije bila prilagođena korisniku.

Poreklo: Ovaj idiom potiče iz basne koja se pripisuje grčkom pripovedaču Ezopu. U njoj, kamilu su tovarili slamom sve dok poslednja slamka nije dodala težinu koju kamila više nije mogla da izdrži, i koja joj je slomila kičmu. U Velikoj Britaniji se kaže da je to *last straw* (poslednja slamka).

30. By the Skin of Your Teeth

Meaning: To barely succeed or escape a dangerous or difficult situation.

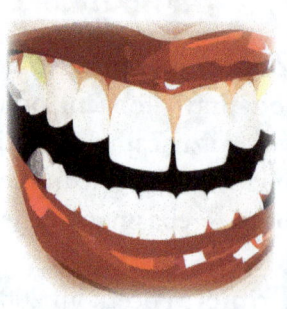

The use of this phrase suggests that the outcome was only achieved by a narrow margin, such as the skin of one's teeth, which is basically nonexistent.

Example: This idiom is used in business to describe situations in which success was achieved through hard work, perseverance, and luck. For example, after working tirelessly to meet an upcoming deadline, a manager might say to her team, "We made the deadline by the skin of our teeth, but we did it!" This phrase is used to express relief and gratitude to the team while recognizing they narrowly escaped a difficult situation or failure.

Origins: The origin of the phrase is thought to come from the Bible, where the phrase "by the skin of my teeth" is used in the book of Job to describe Job's narrow escape from death.

The phrase has been used in American English since the 16th century, and it has become a widely used idiom to describe narrowly avoiding danger or failure.

Za dlaku
Za kožu zuba

Značenje: Jedva ste izbegli opasnu situaciju. Bila je toliko neizvesna da je loš ishod izbegnut za dlaku.

Primer: Ovaj idiom se često koristi u poslovnom kontekstu za situaciju u kojoj je uspeh postignut radom i istrajnošću, ali i uz malo sreće. Na primer, šef kaže: „Za dlaku smo izbegli neuspeh". Ova fraza izražava olakšanje što smo jedva izbegli tešku situaciju. Sličan izraz na srpskom je i „provukli smo se kroz iglene uši".

Poreklo: Smatra se da ova fraza potiče iz Biblije, gde je izraz by the skin of your teeth upotrebljen u Knjizi o Jovu da opiše njegov bliski susret sa smrću. Fraza je u upotrebi u engleskom jeziku od 16. veka i postala je široko rasprostranjena za opisivanje tesno izbegnute opasnosti ili neuspeha.

31. Game Changer

Meaning: A person, event, or innovation that significantly impacts a situation or changes the outcome.

A "game changer" is something that fundamentally alters the way things are done or shifts how the game is played.

Example: The introduction of the iPhone in 2007 or the e-commerce platforms like Amazon and Alibaba would be considered game changers. Each had a ripple effect across industries, changing how the game is played going forward.

Origins: This saying comes from sports, specifically American football. In football, a "game changer" refers to a play or action that significantly alters the outcome of a game.

Ključna promena koja utiče na rezultat
Promena igre

Značenje: Osoba, događaj ili inovacija koja ima značajan uticaj na situaciju ili oblast rada. Posredi je nešto što suštinski menja način na koji se radi ili na koji će se stvari odvijati u budućnosti. Kao kad promenite brzinu menjačem u kolima.

Primer: Predstavljanje ajfona 2007. godine ili platformi za onlajn-prodaju kao što su „Amazon" i „Alibaba" bila je ključna promena koja je uticala na poslovanje tih kompanija. Svaki je imao bitan uticaj u različitim industrijama, menjajući način igre. Reč je o potezima koji su značajno promenili budući tok događaja za te kompanije ali i za ostale.

Poreklo: Veruje se da ova izreka dolazi iz sporta, posebno američkog fudbala. U fudbalu promena igre se odnosi na plan/kombinaciju/akciju koja značajno utiče na to kako će se igra dalje odvijati.

32. Beat to the Punch

Meaning: Doing something before others have a chance, especially when you are planning to do the same thing.

It is often used to describe a situation where someone has taken advantage of an opportunity or accomplished a task before someone else could. It means to act first before others. It is not about hitting someone.

Example: In the early 2000s, Apple and Microsoft wanted to acquire a famous music player company called Pure Digital Technologies, which had developed the popular Flip Video camera. Apple moved quickly and secured a deal before Microsoft could make an offer. As a result, Apple launched its successful iPod and iPhone products, while Microsoft missed out. Apple's ability to beat Microsoft to the punch gave them a significant advantage in the marketplace which allowed them to dominate the portable media player and smartphone markets for many years.

Origins: The phrase comes from boxing, where punching refers to hitting another person. In a boxing match, the objective is to punch your opponent before he can strike you.

Preduhitriti
Udari Prvi

Značenje: Doslovno znači udariti prvi. Izraz se ne odnosi na udarce, već na to kada neko nekog preduhitri.

Često se koristi da opiše situaciju u kojoj je neko iskoristio priliku ili izvršio zadatak pre nego što je neko drugi to uradio. Reagujte prvi, uradite nešto pre ostalih, to donosi prednost.

Primer: Početkom 2000-ih i „Apple" i „Microsoft" su želeli da kupe popularnu kompaniju za muzičke plejere pod nazivom „Pure Digital Technologies," koja je razvila čuvenu „Flip Video" kameru. „Apple" je brzo reagovao i postigao dogovor o preuzimanju kompanije pre nego što je „Microsoft" dao ponudu. Kao rezultat toga, „Apple" je lansirao uspešne ajpod i ajfon proizvode dok je „Microsoft" propustio takvu priliku. Sposobnost kompanije „Apple" da pobedi „Microsoft" dala im je značajnu prednost na tržištu, što im je omogućilo da godinama budu dominantni na tržištu prenosivih medija plejera i pametnih telefona.

Poreklo: Izraz potiče iz sveta boksa, gde se „udari prvi" odnosi na fizički udarac koji se zadaje protivniku. U bokserskom meču cilj je udariti protivnika prvi, pre nego što on udari vas, jer se polazi od pretpostavke da će on to zasigurno pokušati.

33. Drop of a Hat

Meaning: Acting quickly and without hesitation. This saying often describes situations where quick thinking and readiness are essential.

Example: Imagine that you work for an established company in the technology sector. If a new competitor enters the market with disruptive new technology, your company will need to quickly adapt its product or service to meet customers' changing needs and stay ahead of the competition. If you do this successfully, analysts might conclude that your company was able to act **at the drop of a hat**.

Origins: This phrase comes from the custom of dropping a hat as a signal to start a fight or duel. In this context, being willing to act "at the drop of a hat" means being ready to fight immediately.

Another theory suggests that the phrase comes from horse racing, where a race might start with the dropping of a hat. In this context, being ready to act "at the drop of a hat" would mean being prepared to start a race or take advantage of an opportunity without delay.

Istog trenutka
Čim padne šešir

Značenje: Spremnost da se deluje brzo i bez oklevanja. Često se koristi za opisivanje situacija u kojima je brzina reakcije ključna za uspeh.

Primer: Firma koja je u stanju da brzo reaguje na promenljive tržišne uslove. Na primer, ako se novi konkurent pojavi na tržištu sa disruptivnom tehnologijom, kompanija koja je u stanju da se brzo prilagodi promenljivim potrebama kupaca biće ispred konkurencije jer je delovala istog trenutka.

Poreklo: Izraz potiče od običaja u SAD koji podrazumeva bacanje šešira u znak početka borbe ili duela. U ovom kontekstu, ako ste spremni da delujete „čim padne šešir", znači da ste spremni da se borite odmah. Takođe je

moguće da ova fraza dolazi iz sveta konjskih trka, gde je znak da trka može da počne bilo bacanje šešira. U tom smislu, spremnost da delujete „čim padne šešir" znači da ste spremni da odmah započnete trku, to jest, u današnjem svetu, da iskoristite priliku ili reagujete na promenu bez zadrške.

34. White Collar, Blue Collar, Pink Collar

Meaning: Different types of jobs and social status of workers in the US. These categories are not always precise, but they provide a helpful way of thinking about work.

White collar: Office jobs that require a higher level of education and professional skills.

- Management (e.g., CEO, CFO, COO)
- Professionals (e.g., professors, doctors)
- Sales, marketing (e.g., account executive)
- Finance (e.g., investment banker)

Blue collar: Manual labor jobs that do not require higher education and are often paid hourly.

- Skilled trades (e.g., carpenter, electrician)
- Manufacturing (e.g., assembly worker)
- Transportation or delivery (e.g., driver)
- Construction (e.g., construction worker)

Pink collar: These are jobs typically held by women and tend to be more service-oriented.

- Healthcare (e.g., nurse, home health aide)
- Education (e.g., teacher, daycare worker)
- Customer service and administrative support
- Retail (e.g., cashier, beauty salon worker)

Origins: Described by the typical colors of shirts worn by the respective workers (e.g., professionals wearing white shirts, laborers wearing blue shirts, women wearing pink).

Bela kragna, plava kragna, roze kragna

Značenje: Različite vrste poslova i socijalnog i ekonomskog statusa radnika u SAD. Ove kategorije nisu uvek precizne, ali pružaju korisnu kategorizaciju različitih vrsta radnika.

Bela kragna: Kancelarijski poslovi koji zahtevaju viši nivo obrazovanja i profesionalne veštine.
- Menadžment (npr. generalni direktor)
- Stručnjaci u nekoj oblasti (npr. profesor, doktor, inženjer)
- Prodaja i marketing (npr. akaunt menadžer)
- Finansijske pozicije (npr. investicioni bankar)

Plava kragna: Poslovi koji podrazumevaju manuelni rad, ne zahtevaju visoko obrazovanje, i često se plaćaju po satu.
- Zanati (npr. stolar, električar)
- Proizvodnja (npr. radnik na montažnoj liniji)
- Prevoz ili dostava (npr. vozač kamiona)
- Građevinarstvo (npr. građevinski radnik)

Roze kragna: Poslovi koje obično obavljaju žene i često su orijentisani na usluge.
- Zdravstvena nega (npr. lekarka, medicinska sestra)
- Obrazovanje (npr. učiteljica, nastavnica)
- Korisnički servis i administrativna podrška
- Maloprodaja (npr. blagajnica)

Poreklo: Svedoči o uobičajenim bojama košulja koje nose razne vrste radnika (npr. stručnjaci nose bele košulje, radnici nose plave košulje, žene nose roze košulje).

35. Glass Cliff

Meaning: The phenomenon in which women are disproportionately appointed to leadership roles in a crisis.

This is a deceptive practice where women are appointed to leadership positions that people believe are predisposed to failure.

Example: Women are appointed to leadership in challenging or high-risk situations where there is a greater chance of failure. This can often result in these women being set up for failure because they are given difficult or impossible tasks to perform. Then, when failure happens, these women are held responsible for problems that were not caused by them. Walking "off the cliff" and failing was predestined; it was not caused by the women's leadership abilities, but men were less likely to take leadership roles because of their desire to avoid failure.

Origins: This phenomenon was discovered by leadership researchers in Organizational Behavior. Through analysis of historical data, researchers found that women tended to be appointed to precarious leadership roles more so than men and termed this finding a "glass cliff" to depict women walking out onto a cliff they cannot see, which they are likely to fall off. The analogy highlights the invisible riskiness of the situation and the likelihood of failure in the role.

Staklena litica

Značenje: Fenomen koji podrazumeva da se žene unapređuju do rukovodećih pozicija tokom krize. To je praksa obmanjivanja u kojoj se žene ne postavljaju na te pozicije zato što su bolji lideri od muškaraca, već zato što muškarci izbegavaju ove pozicije zbog visokog rizika od neuspeha.

Primer: Žene se postave na čelo nekog tima ili cele kompanije u izazovnim ili kriznim vremenima, kada postoji veća šansa za neuspeh. Time se te žene možda i predodređuju za neuspeh, jer im se daju teški ili nemogući zadaci, i posle se smatraju odgovornim za probleme koje nisu same stvorile.

Poreklo: Ovaj fenomen su otkrili naučnici koji se bave radom i liderstvom u oblasti organizacionog ponašanja. Analizom istorijskih podataka, naučnici su otkrili da postoji tendencija da se tokom krize žene postavljaju na rukovodeće uloge više nego muškarci. To otkriće su nazvali „staklenom liticom"

da bi prikazali žene kako se približavaju litici koju ne vide i sa koje će verovatno pasti. Analogija se odnosi na žene i njome se naglašava koliko je određena situacija zapravo rizična i verovatnoća neuspeha na toj funkciji velika.

36. Right Up Their Alley

Meaning: Describes something that is a good match for someone's skills or preferences.

It means that the person is familiar or experienced with the activity or a topic, and it suits their abilities.

Example: In a meeting to delegate projects for the upcoming month, the manager might say to the team, "We should assign the new project to Dave because it is right up his alley. I'm confident he can deliver high-quality outcomes." In this context, the expression "right up his alley" helps communicate why the project is assigned to Dave clearly and succinctly, namely, because Dave has the skills needed to succeed in it.

Origins: The expression comes from the game of bowling in the early 20th century in the US. In bowling, players have their own "alley" or lane to throw their ball down to hit their pins.

Nečiji fah
Pravo uz stazu

Značenje: Koristi se za opisivanje nečega što odgovara nečijim veštinama ili sklonostima. Pokazuje da osoba ima iskustva s određenom aktivnošću ili temom, i da su one u skladu sa sposobnostima te osobe.

Primer: Na sastanku vezanom za raspoređivanje projekata za naredni mesec, menadžer kaže: „Trebalo bi da dodelimo novi projekat Dušanu. Pošto je to njegov fah, siguran sam da će postići dobre i pravovremene rezultate". Upotreba ovog izraza pomaže da se jasno i sažeto saopšti razlog zašto se projekat dodeljuje Dušanu, a to je jer on poznaje tu problematiku.

Poreklo: Izraz potiče iz kuglanja početkom 20. veka u SAD. U kuglanju svaki igrač ima svoju stazu duž koje baca kuglu kako bi pogodio čunjeve na kraju staze. Ako se neko našao u oblasti koja je „pravo uz stazu", to povećava verovatnoću da rezultati budu uspešni zahvaljujući njegovom prethodnom iskustvu.

Trebalo bi da dodelimo novi projekat Dušanu. Pošto je to u njegovom fahu, uveren sam da ce isporušiti proizvod visokog kvaliteta i na vreme.

37. Right Off the Bat

Meaning: To do something immediately, without delay or hesitation.

It is often used to describe an action taken at the beginning of a project, competition, or other activity or event.

Example: This is a widely used expression that describes situations where someone takes quick and decisive action without hesitation. For example, when discussing last quarter's project, you might say to your colleague, "Right off the bat, we knew that the project was going to be difficult," to describe a situation where you immediately encountered challenges or obstacles at the start.

Origins: The phrase originated in baseball, where the ball hit "off the bat" flies back immediately. Over time, the phrase "right off the bat" came to be used more broadly to describe any situation where someone acts quickly and decisively.

Na samom početku
Pravo s palice

Značenje: Učiniti nešto odmah, bez ikakvog odlaganja ili oklevanja. Često se koristi da opiše radnju preduzetu na početku projekta.

Primer: Široko je rasprostranjen izraz za opisivanje situacija u kojima neko preduzima brzu i odlučnu akciju. Na primer, možete da kažete: „Na samom početku (right off the bat) znali smo da će projekat biti težak i da moramo odmah da reagujemo kako bismo savladali prepreke".

Dozvolite mi da vam odmah kažem zašto je naš proizvod najbolji izbor za vaše poslovanje.

Poreklo: Izraz je nastao tokom igre bejzbola u SAD, kada „pravo s palice" lopta poleti u vazduh. S vremenom je izraz poprimio šire značenje i počeo da se odnosi na svaku situaciju u kojoj neko deluje brzo i odlučno. Pošto je bejzbol popularan sport u SAD, ova fraza se često može čuti u razgovorima sa poslovnim partnerima iz Amerike.

38. Ax to Grind

Meaning: Someone who has a hidden agenda and is pursuing it without revealing their agenda to others.

The phrase implies that the issue someone wants to resolve is likely influencing their decision-making or behavior.

Example: Your colleague might say to you, "I don't trust Jamie's opinion on this matter because he has an ax to grind." This means that your colleague believes that Jamie has a personal interest or bias that might affect his judgment, implying Jamie's opinion should be viewed cautiously. Similarly, someone might say, "She is pushing for this proposal, but she has an ax to grind," to describe a situation where the person referred to is pursuing a course of action for their own reasons rather than for the good of the group.

Origins: The phrase comes from sharpening an ax on a grindstone. A sharp ax was helpful in a conflict, but sharpening it was time-consuming and challenging. Thus, to "have an ax to grind" is to want to address a vital conflict without telling anybody about it.

Naoštriti se
Oštri sekiru

Značenje: Ovaj idiom se koristi da opiše nekoga ko u određenoj situaciji ima skriveni plan i pridržava ga se, ali ga ne otkriva. Izraz upućuje na to da će problem koji neko želi da reši verovatno uticati na njegove odluke ili ponašanje.

Primer: Neko govori: „Ne verujem njegovim rečima po pitanju ove teme, jer on tajno oštri sekiru." To znači da osoba ima neki lični interes ili pristrasnost koji mu mogu uticati na rasuđivanje, i da na njegovo mišljenje u javnosti treba gledati s oprezom pošto u tajnosti oštri sekiru to tom pitanju.

Poreklo: Izraz potiče iz prakse oštrenja sekire na brusnom kamenu. Sekira mora biti naoštrena za borbu, ali to je dugotrajan i težak zadatak. Dakle, „oštriti sekiru" znači da se spremate na sukob, ali ne govorite o tome. Javno podržavate jedan stav, ali tajno oštrite sekiru za sukob.

Ako vam ne veruju onome što naglas govorite, znači da slute da se spremate za nešto u tajnosti. Pošto je oštrenje sekire naporno, ne biste to radili ako ne planirate da je iskoristite.

39. Silver Lining

Meaning: Describes a positive aspect that can be found in an otherwise difficult or challenging situation.

The phrase suggests that even amid a difficult or negative situation, some hope or something positive can be found.

Example: After losing a big contract, the manager might say to the team, "Despite the loss of the contract, there's a silver lining. We learned a lot from this negotiation, and we will be better prepared for next time." Even though the situation was negative (a loss), there was a positive aspect to - the learning experience that can be taken away from the situation and applied to similar situations in the future.

Origins: Sometimes dark clouds have a silver lining because of the reflection of the sun behind them, signaling that there is light, or hope, even behind the darkest storms.

Svetlo na kraju tunela
Srebrna linija

Značenje: Ovaj izraz opisuje pozitivnu stranu teške situacije. Nagoveštava da čak i u lošim okolnostima postoji nada ili nešto pozitivno što se može pronaći.

Primer: Nakon što mu je propao poslovni dogovor, menadžer kaže: „Iako nam je dogovor propao, postoji svetlo na kraju tunela. Mnogo smo naučili iz ovih pregovora i bolje ćemo se pripremiti za sledeći put". Iako je situacija bila negativna (gubitak), iznedrila je pozitivnu stranu, a to je novo iskustvo i znanje, koje može predstaviti pouku u teškoj situaciji.

Poreklo: Tamni oblaci ponekad imaju srebrnu ivicu, ili liniju, zbog odsjaja sunca iza njih. To nam govori da ima sunca/nade čak i iza crnih oblaka koji donose oluju. Nešto smo naučili iz poteškoća, muka će proći, sunce će izaći ponovo.

40. Cut to the Chase

Meaning: Tells someone to get to the point or to the most critical part of a discussion without wasting time on explanations and unnecessary details.

It implies an eagerness to get to the exciting part of the matter, story, or information.

Example: You are pitching a new product proposal to your business team, and someone says, "Can you cut to the chase? What's the bottom line - why should we make this product? Please get to the main point." This person is asking you to get to the key of the proposal and skip over the minute details. These idioms rarely have a positive connotation if directed to someone's presentation or some other form of exposition.

Origins: This idiom is thought to have originated in the entertainment industry in the US. It was used to describe a filmmaker shortening a movie by cutting the less important or boring parts of the film and instead focusing on the most entertaining parts, which were often the "chase" scenes.

Preći na stvar
Skrati film do jurnjave

Značenje: Ova izreka se koristi da opiše situaciju u kojoj neko želi da sagovornik pređe na stvar ili na suštinu, a ne da gubi vreme na nepotrebne detalje. Podrazumeva želju da se što pre dođe do poente.

Primer: Na sastanku Odbora u firmi predstavljate novi proizvod i neko kaže: „Pređite na stvar. Šta je suština – zašto treba da prihvatimo baš ovaj proizvod?" Pređite na poentu. Kolega traži od vas da dođete do važnog dela predloga i da preskočite detalje. Ovaj idiom skoro nikada nema pozitivnu konotaciju ako je izrečen tokom nečije prezentacije ili govora.

Poreklo: Smatra se da je nastao u industriji zabave u Holivudu u SAD, kada je opisivao filmskog reditelja koji skraćuje film tako što seče manje bitne delove filma i ostavlja one najzabavnije, na primer jurnjavu.

41. Cold Turkey

Meaning: This saying describes the abrupt and complete stop of a habit, emphasizing the sudden and absolute nature of the change.

Example: Imagine an employee relying on caffeine to get through the day. She decides to cut back on her caffeine intake but stops suddenly and entirely instead of gradually reducing her consumption. In this scenario, a co-worker might say, "I heard Anne quit drinking coffee cold turkey. Given the abrupt and complete change, I don't know how she will make it."

Origins: The phrase is thought to come from the physical symptoms that occur when someone stops using drugs, including a pale appearance reminiscent of cold turkey meat. Another theory is that the idiom is related to the cold, clammy feel of human skin during withdrawal, similar to the skin of a turkey that has been plucked and refrigerated.

Nagli prekid
Hladna ćurka

Značenje: Često se koristi da opiše nagli i potpuni prestanak neke navike, odnosno naglašava da se promena desila iznenada i u punoj meri.

Primer: Zamislite radnicu koja preživljava radni dan pomoću kofeina. Odlučuje da smanji njegov unos, ali umesto da to radi postepeno, pokuša da prestane naglo i skroz. U ovom slučaju njen kolega može da kaže: „Čuo sam da je Ana naglo (cold turkey) prestala da pije kafu. Ne znam kako će joj uspeti s obzirom na tako radikalnu promenu".

Poreklo: Smatra se da je izraz skovan na osnovu fizičkih simptoma koji se javljaju kada neko prestane da koristi drogu, a između ostalog podrazumevaju bledu kožu, koja podseća na meso hladne ćuretine.

42. At the End of My Rope

Meaning: A situation in which someone is feeling overwhelmed, exhausted, and stressed to their limit, and is close to losing control.

This phrase could also be directed to others, as in, "I am at the end of my rope with you," to indicate a lack of patience to continue with someone else's failing course of action or nagging requests.

Example: Joan runs a small clothing store. She has struggled to make ends meet due to rising rent costs and increased competition. Despite her best efforts, her sales have been steadily declining. She realizes she is at the end of her rope and can no longer keep the business afloat and continue operating.

Joan has exhausted her resources and cannot afford to keep paying rent or restocking inventory. She closes the store. In this example, "at the end of my rope" describes the point at which Joan reached the limit of her resources and options and could no longer continue to operate her business.

Origins: This idiom is based on the sheer visual of being at the end of a rope - hanging from a building or a cliff, about to fall off as there is no more rope space to slide down. A similar idiom might be, " I backed myself into a corner." The lack of control is the most poignant point in both idioms.

Sateran u ćošak
Ma kraju sam svog konopca zbog vas

Značenje: Situacija u kojoj se neko oseća preopterećeno do krajnjih granica i malo mu fali da izgubi kontrolu.

Ovaj izraz može da se odnosi i na druge ljude, na primer: „Saterali ste me u ćošak". Tada ukazuje na to da osoba nema više strpljenja da za nečije loše poslovanje, ili nepristupačno/nekulturno ponašanje.

Primer: Vesna ima mali butik odeće. Zbog povećane kirije i sve jače konkurencije, muči se da sastavi kraj sa krajem. Uprkos njenom trudu, prodaja opada. Vesna shvata da je saterana u ćošak i da više ne može da nastavi posao. Na kraju zatvara radnju. U ovom primeru opisuje se da je Vesna dostigla granicu svojih sredstava i mogućnosti i više ne može da nastavi sa radom.

Poreklo: Zasniva se na slici nekoga ko se nalazi na kraju užeta, na primer, dok visi sa zgrade ili litice. Polako klizi, ali na konopcu više nema prostora i uskoro će pasti na zemlju. Stariji izraz u srpskom je „doterao cara do duvara".

43. Knock It Out of the Park

Meaning: To do exceptionally well, exceed expectations, and achieve great success.

Example: In 2015, Netflix released its original series "Narcos," which tells the story of notorious Colombian drug lord Pablo Escobar and the drug trade in the late 20th century. The series was a critical commercial success and helped to establish Netflix as a major player in the industry.

In this example, Netflix **knocked it out of the park** by creating high-quality, original content that resonated with viewers and helped to establish the company as one of the best in the entertainment industry. The success enabled Netflix to continue expanding its user base and positioned the company for long-term success.

Origins: The phrase comes from baseball, where hitting the ball out of the park means hitting it so hard and far that it goes beyond the stadium's boundaries, resulting in a home run. When a player hits a home run, it is considered a great accomplishment and can win the game for the team.

Pokidati
Izbaciti loptu s terena

Značenje: Učiniti nešto izuzetno dobro, premašiti očekivanja, postići veliki uspeh.

Primer: Netfliks je 2015. izbacio svoju originalnu seriju „Narcos", koja govori o ozloglašenom kolumbijskom narkobosu Pablu Eskobaru i trgovini drogom krajem 20. veka. Serija je doživela komercijalni uspeh i omogućila Netfliksu da preuzme kormilo u industriji zabave.

U ovom primeru Netfliks je, žargonski rečeno, pokidao stvaranjem kvalitetnog, originalnog sadržaja koji je doživeo veliki uspeh kod gledalaca i pomogao toj kompaniji da stekne imidž jedne od najboljih u industriji zabave. Uspeh je omogućio Netfliksu da nastavi da širi svoju korisničku bazu i predodredio je kompaniju na dugoročni uspeh.

Poreklo: Izraz potiče iz bejzbola, gde „izbaciti loptu van terena" znači udariti je toliko snažno da ona odleti preko ograde, čime se postiže houm ran. Kada igrač postigne houm ran, to je veliki uspeh i može biti odlučujući faktor u pobedi.

44. Toot Your Own Horn

Meaning: To boast, self-promote one's accomplishments, or to draw attention to one's achievements.

It is used to refer to someone who talks about their abilities in a way that is off-putting to others, as it suggests that someone is self-centered rather than humble or modest.

Example: An interviewer might ask a candidate to describe their skills and experience, and the candidate might respond, "I don't want to toot my own horn, but I'm reasonably confident in my experience to work under pressure." In this example, the interviewee used the phrase as a caveat to acknowledge her strengths while showing that she is mindful of not coming across as arrogant or overly self-promoting. In contrast, after a team meeting where one of your co-workers was bragging about their achievements, another colleague might say to you, "Wow, Jon sure was tooting his own horn in that meeting."

Origins: It is derived from the Roman practice of blowing horns to announce a leader or important person's arrival. Importantly, in this practice, others were tooting their horn for the leader; the leader was not tooting it for himself.

Busati se u prsa
Trubiti u svoj rog

Značenje: Hvaliti sebe i promovisati sopstvena dostignuća kako bi se skrenula pažnja na sopstvene uspehe. Često se odnosi na nekoga ko govori o sopstvenim sposobnostima tako da nervira druge, jer pokazuje egocentričnost, a ne skromnost.

Primer: Poslodavac zamoli kandidata za posao da opiše svoje znanje i iskustvo, a kandidat odgovara: „Ne želim da se busam u prsa (toot my own horn), ali sigurna sam u svoje iskustvo i sposobnost da radim pod pritiskom". Kandidat svedoči o sopstvenim vrlinama, a istovremeno pazi da ne ispadne arogantan ili hvalisav.

Poreklo: Veruje se da ova fraza potiče iz doba Rimljana koji su trubili u rogove da naznače dolazak predstavnika vlasti i ostalih zvaničnika. Trebalo bi da neko drugi trubi kako bi vama ukazao poštovanje, a ne da vi to radite sami za sebe.

45. Writing on the Wall

Meaning: A clear and unmistakable sign that a situation is about to change or something significant will happen.

The phrase suggests that a situation is obvious and should be recognized, such that action is needed. It is often used negatively, suggesting a failure to recognize the signs of danger or that one is powerless to stop a bad outcome.

Example: If a company is experiencing financial difficulties and there are rumors of layoffs, an employee might say, "The writing is on the wall. We need to start looking for new jobs."

Origins: It can be traced back to the Book of Daniel in the Old Testament. In the story, the Babylonian king Belshazzar holds a great feast, during which he praises the gods of gold, silver, bronze, iron, wood, and stone. Suddenly, a disembodied hand appears and writes a message on the wall of the palace. None of the king's wise men can interpret the writing, so Daniel, a Jewish captive with the gift of interpreting dreams and visions, is called in. Daniel reads the message on the wall, which is a warning that Belshazzar's reign will end. His kingdom will be given to the Medes and Persians. That night, the city is invaded, and Belshazzar is killed.

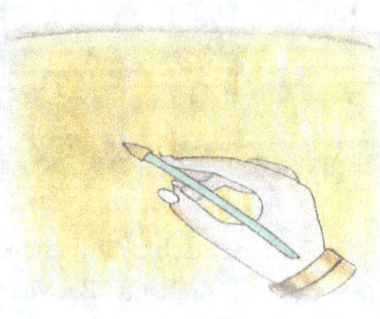

Veliko upozorenje
Poruka, natpis na zidu

Značenje: Jasan i nepogrešiv znak da će se situacija promeniti ili da će se nešto značajno dogoditi. Često se koristi u negativnom smislu, ukazujući na to da neko nije prepoznao upadljive znake opasnosti ili je nemoćan da spreči loš ishod.

Primer: Izraz se često koristi da pokaže da je određeni ishod očigledan i da je zato potrebno preduzeti akciju.
Ako kompanija ima finansijskih poteškoća i govorka se o otkazima, radnik može da kaže:

„Ovo nam je upozorenje. Moramo da počnemo da tražimo nove poslove."

Poreklo: Seže do priče o Danilu u Starom zavetu Biblije. U toj priči vavilonski kralj Valtazar održava veliku gozbu, tokom koje veliča bogove zlata, srebra, bronze, gvožđa, drveta i kamena. Odjednom se pojavljuje bestelesna ruka i ispisuje poruku na zidu palate. Niko od kraljevih mudraca ne može da protumači spis, pa pozovu Danila, jevrejskog zarobljenika, sveca i proroka, koji ima dar da tumači snove i vizije. Danilo čita poruku na zidu, koja predstavlja upozorenje da će se Valtazarova vladavina okončati i njegovo carstvo biti predato Miđanima i Persijancima. Te noći je grad napadnut, a Valtazar ubijen.

46. Cross That Bridge When We Come to It

Meaning: It implies that a problem should be dealt with when it arises rather than worrying about it in advance.

Example: During a new project kickoff meeting, a team discusses potential roadblocks and risks that might arise during the upcoming project. A team member asks what the plan will be if the anticipated expenses exceed the budget. The manager responds, "Let's cross that bridge when we come to it." This suggests that instead of worrying about every possible issue, such as exceeding the budget, in advance, the manager wants the team to prioritize the most likely and immediate challenges.

Origins: It is believed that this idiom originated from building bridges in stages, with workers only adding more sections as needed rather than constructing the entire bridge at once. In this context, workers might say, "Let's cross that bridge when we come to it," to indicate that they would only begin building the next section of the bridge when it was needed rather than worrying about it in advance.

Otom-potom
Preći ćemo taj most kad dođemo do njega

Značenje: Bolje je da se suočite s problemom ili izazovom tek onda kada se zaista pojavi, nego da unapred brinete o svakom budućem detalju.

Primer: Tokom sastanka u vezi s početkom projekta, tim razgovara o mogućim preprekama i rizicima koji mogu da nastanu. Član tima pita kakav je plan ako troškovi budu veći od predviđenih. Menadžer odgovara: „Otom-potom." To znači da, umesto da unapred brine o svakom mogućem problemu, tim treba da odredi koji su najverovatniji ili neposredni izazovi i da se u tom trenutku bavi njima, kao i da veruje timu da će moći da se suoči s drugim problemima ako se pojave.

Poreklo: Jedna teorija je da je ovaj idiom nastao iz prakse izgradnje mostova u fazama, pri čemu radnici dodaju delove po potrebi umesto da grade ceo most odjednom. U tom kontekstu, radnici mogu da kažu: „Hajde da pređemo taj most kada stignemo do njega" kako bi naznačili da će započeti sledeću deonicu kada do nje dođu, umesto da se brinu o njoj unapred.

47. Smoke and Mirrors

Meaning: Refers to a misleading illusion, typically created through cleverness and misdirection.

Example: The phrase describes situations where something is presented in a way that is not entirely truthful or straightforward. This could include political campaigns that rely on misleading rhetoric, advertising campaigns that use misleading statistics, or business deals that rely on obfuscation and misdirection. Someone might call the claims in those campaigns or deals, "All smoke and mirrors." It can also describe situations where the true nature of something is concealed, such as when the cause of a problem is not apparent, or a person is not who they appear to be.

Origins: The phrase is derived from stage magic where performers use smoke to create a mysterious atmosphere, and they use mirrors to create illusions for the audience.

Zamazivanje očiju
Dim i ogledala

Značenje: U pitanju je prevara, jer sve ukazuje na to da se stvara određena zabluda kroz dim i ogledala.

Primer: Izraz se koristi da opiše situaciju u kojoj je nešto predstavljeno na način koji nije u potpunosti istinit ili direktan. To uključuje političke kampanje koje se služe obmanjujućom retorikom, reklamne kampanje koje koriste lažne statistike, ili poslovne dogovore koji se zasnivaju na prikrivanju istine i dovođenju druge strane u zabludu. Takođe može da opiše okolnosti u kojima je nešto skriveno, kao što je situacija u kojoj pravi uzrok problema nije odmah očigledan ili osoba nije onakva kako izgleda na prvi pogled.

Poreklo: Idiom potiče od stvaranja magije na sceni. Mađioničari koriste dim da naprave mističnu atmosferu i postavljaju ogledala na scenu kako bi stvorili iluziju. Svrha je da se neko zbuni, ili nešto predstavi drugačije, kroz „magiju."

48. Snowball's Chance in Hell

Meaning: Something is highly unlikely.

This phrase is commonly used in both formal and informal business settings to express skepticism or profound disbelief about a particular outcome.

Example: A small startup wants to partner with a major tech company to boost growth. However, the startup has little experience and limited resources, and the tech company has never heard of them. Someone might say, "That startup has a snowball's chance in hell of landing a partnership with that tech giant." This means it is improbable and most likely impossible that the startup will succeed in securing a partnership with the tech company.

Origins: The phrase implies the chances of something are equal to those of finding a snowball in hell or of it surviving the fires of hell. The phrase is thought to have evolved from earlier expressions that conveyed a similar idea, for example, "a ghost of a chance," which expressed a similar idea.

Piši propalo
Šansa snežne grudve u paklu

Značenje: Ovo je metaforički izraz koji se u današnje vreme koristi da ukaže da je malo verovatno ili skoro nemoguće da se nešto dogodi. Upotrebljava se u formalnom i neformalnom okruženju da izrazi nepoverenje u pogledu šanse za neki ishod.

Primer: Mala startap firma želi da obezbedi partnerstvo sa velikom tehnološkom kompanijom kako bi podstakla rast. Međutim, startap nema mnogo iskustva i ima ograničene resurse, a tehnološka kompanija nikada nije čula za njih. Neko tvrdi: „Što se tiče šanse da ovaj startap sklopi partnerstvo s tim tehnološkim gigantom, piši propalo." To znači da je veoma malo verovatno da će startap doći do željenog partnerstva.

Poreklo: Odnosi se na priču o paklenom ognju. Šansa da se nešto desi jednaka je šansi da se grudva snega nađe u paklu ili da preživi u paklenom ognju. Smatra se da je fraza evoluirala od starijih izraza koji su imali slično značenje, na primer, „duh šanse", koji je takođe podrazumevao veoma male šanse za uspeh.

49. In the Home Stretch

Meaning: Close to completing a task or reaching a goal.

It suggests that the end of an activity or event is in sight.

Example: A company has been working on a project for the past six months and is finally completing it. The team finished most of the work and is focused on final testing and quality control before releasing the project to the public. In this case, one of the employees might say, "We're in the home stretch." This implies the end of the project is in sight, and the team is close to completing tasks and reaching their goals.

Origins: It can be traced back to the early 20th century horse racing. The "home stretch" refers to the final straight section of a racetrack that leads to the finish line. It is often the most exciting and tense part of the race as horses and jockeys make a final push for the finish line.

U finišu
Nadomak kuće

Značenje: Blizu ste završetka zadatka ili postizanja cilja. Fraza se koristi da ukaže na to da je kraj aktivnosti blizu ili završetak događaja na vidiku.

Primer: Kompanija je radila na projektu poslednjih šest meseci i u završnoj je fazi. Tim je završio većinu posla i usredsređuje se na finalno testiranje i kontrolu kvaliteta pre nego što projekat bude plasiran u javnosti.

U ovom slučaju neko može da kaže: „Sada smo u finišu," i to bi značilo da je kraj projekta na vidiku i da su blizu završetka zadataka i postizanja ciljeva.

Poreklo: Ovaj idiom seže do konjskih trka iz ranog 20. veka u SAD. Finiš trke se odnosi na poslednji deo trkačke staze koji je nedaleko od cilja. Često je to najuzbudljiviji i najnapetiji deo trke, tokom kojeg konji i džokeji ulažu poslednji napor ka cilju. Bukvalni prevod je „deo staze nadomak kuće".

50. Shoot Yourself in the Foot

Meaning: Someone unintentionally causes self-harm by making a mistake or a poor decision.

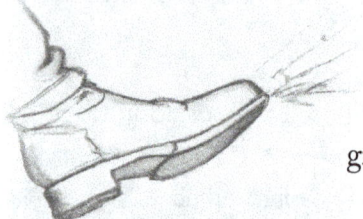

A person has done something self-destructive, counterproductive, or made a grave mistake and is responsible for his own misfortune.

Example: In 1985, Coca-Cola launched a new formula for its flagship soft drink. However, the new formula was unpopular with consumers, who preferred the taste of the original soft drink. The backlash against the new recipe was so intense that Coca-Cola was forced to reintroduce the original formula three months later. This situation is an example of Coca-Cola shooting itself in the foot by making a major misstep that caused harm to its brand and reputation. Coca-Cola alienated its loyal customer base and lost market share to Pepsi. The "New Coke" fiasco is a cautionary tale for businesses that make significant changes without considering the potential consequences.

Origins: It is believed this saying originated in the US in the early 20th century. The phrase evolved from earlier expressions that conveyed a similar idea of someone causing harm to themselves through their actions.

Pucati sebi u koleno
Pucati sebi u stopalo

Značenje: Opisuje situaciju u kojoj neko nenamerno sebi nanosi štetu greškom ili lošom odlukom.

Osoba je učinila nešto autodestruktivno, kontraproduktivno, ili napravila ozbiljnu grešku, tako da je sama odgovorna za svoju nesreću.

Primer: Godine 1985. „Koka-kola" je plasirala novu formulu svog vodećeg bezalkoholnog pića. Međutim, nova formula nije bila popularna kod potrošača, koji su više voleli staru. Toliko su se bunili da je „Koka-kola" bila primorana da vrati originalnu formulu samo tri meseca kasnije. Ova situacija je primer kompanije koja je pucala sebi u koleno tako što je napravila veliki pogrešan korak koji je naneo štetu njenom ugledu. „Koka-kola" je ostala bez svoje baze lojalnih kupaca i izgubila tržišni udeo od „Pepsija". Fijasko nove koka-kole služi kao opomena kompanijama koje prave velike promene bez razmatranja mogućih posledica.

Poreklo: Veruje se da je izraz nastao u SAD početkom 20. veka. Verovatno je potekla od ranijih izraza koji su prenosili sličnu ideju o tome da neko sebi nanosi štetu sopstvenim postupcima. Bez mogućnosti za povoljan ishod malo šta ćete postići, a još gore je ako sami sebe onesposobite.

51. Take the Bull by the Horns

Meaning: To face a difficult or risky situation with courage and determination or to tackle a problem head-on.

This phrase is often used to encourage someone to be proactive in dealing with a challenge rather than avoiding it.

Example: A company is facing a major crisis, as their market share is rapidly declining. The CEO calls his team together and tells them, "You need to take the bull by the horns. Send me some options for how we address this problem by first thing tomorrow. Let's do something to turn this around." This implies the CEO wants the issues addressed rather than waiting for things to get worse.

Origins: It can be traced back to the sport of bullfighting. In bullfighting, the matador (bullfighter) must face the bull and take control by grabbing its horns and directing its movements. This act of bravery and skill has become a metaphor for facing challenges and taking control of difficult situations.

Uhvatiti se ukoštac sa problemom
Uhvatiti bika za rogove

Značenje: Suočiti se sa rizičnom situacijom hrabro i odlučno, i preuzeti kontrolu hvatajući se ukoštac sa problemom. Često se koristi da podstakne nekoga da bude proaktivan u suočavanju sa izazovom umesto da ga izbegava.

Primer: Kompanija se suočava sa velikom krizom kao što je smanjenje tržišnog udela ili gubitak ključnih kupaca. U ovakvoj situaciji, lider bi mogao reći svom timu: „Uhvatite se ukoštac s problemom i rešavajte ga direktno umesto da čekate da se okolnosti još više pogoršaju".

Poreklo: Seže do borbe s bikovima. U koridi, matador (toreador) mora da se suoči sa bikom i preuzme kontrolu nad situacijom tako što će uhvatiti bika za rogove i usmeravati njegove pokrete. Ovaj čin hrabrosti i veštine postao je metafora za suočavanje sa izazovima i preuzimanje kontrole nad teškim situacijama.

52. Cherry-Picking

Meaning: Selectively choosing the best or most desirable items from a group while disregarding the rest.

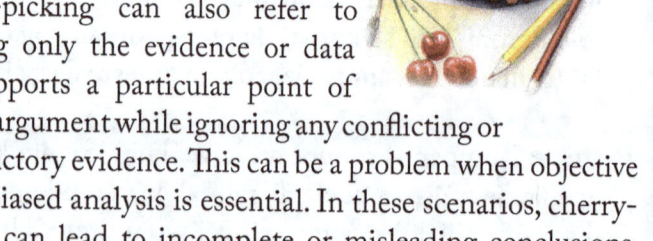

Cherry-picking can also refer to selecting only the evidence or data that supports a particular point of view or argument while ignoring any conflicting or contradictory evidence. This can be a problem when objective and unbiased analysis is essential. In these scenarios, cherry-picking can lead to incomplete or misleading conclusions, which is often considered a form of intellectual dishonesty.

Example: A manufacturer of dietary supplements claims their products promote weight loss. To support their claims, they conduct a study on the effectiveness of their product. However, instead of conducting a study with a large and diverse sample, they cherry-pick only the most favorable data by including only participants who have already lost weight, exercise regularly, and who have a healthy diet. As a result, the study concludes that the product is effective in promoting weight loss. However, the results are biased as the participants were cherry-picked. For this reason, the study does not reflect the actual effectiveness of the product.

Origins: The phrase comes from the practice of picking only the ripest and most desirable cherries from a tree or a group of fruits.

Selektivni dokaz
Biranje trešanja

Značenje: Selektivno biranje (ne branje) isključivo najboljih ili najpoželjnijih stavki ili opcija u određenoj situaciji, zanemarivanjem ostalih.

Takođe se može odnositi na isticanje isključivo onih dokaza ili podataka koji podržavaju određeno stanovište ili argument, uz ignorisanje dokaza koji su im suprotstavljeni ili kontradiktorni. To je problem kada je neophodna objektivna i nepristrasna analiza. U takvim slučajevima selektivno biranje dokaza kako bi se prikazao određeni stav dovodi do nepotpunih ili pogrešnih zaključaka, a često se smatra i vidom intelektualnog nepoštenja.

Primer: Proizvođač dijetetskih suplemenata tvrdi da njegovi proizvodi podstiču gubitak težine. Da bi podržao svoje tvrdnje, sprovodi studiju o efikasnosti svog proizvoda. Međutim, umesto studije sa velikim i raznovrsnim uzorkom, proizvođač ističe podatke koji su najpovoljniji po njega tako što uzima samo učesnike koji su već smršali, redovno vežbaju, i zdravo se hrane. Ishod je studija koja pokazuje da proizvod podstiče gubitak težine, ali ti rezultati su pristrasni i ne odražavaju stvarnu delotvornost proizvoda.

Poreklo: Termin delimično potiče od navike da se biraju samo najlepše trešnje za prodaju na pijaci.

53. Elevator Pitch

Meaning: A brief, persuasive speech used to introduce a product, service, or idea quickly and effectively.

The term "elevator pitch" refers to the idea that the pitch should be short enough to be delivered in the timeframe of an elevator ride. The goal is to grab attention, generate interest, and leave a lasting impression. It should be concise, clear, and memorable, highlighting the unique features of the product, service, or idea.

Example: On the way to meet with a new client, your boss might say, to you, "I hope you prepared your elevator pitch." This means your boss expects you to be ready to introduce your company's product quickly and effectively to the new client in a compelling and memorable manner.

Origins: This phrase originated in the US in the early 20th century, during the rise of the modern skyscraper. As tall buildings became more common, so did elevators. Elevators enabled people to move quickly between floors. It is said that during this time, salespeople and job seekers would take advantage of the elevator ride to deliver quick and persuasive sales pitches to potential clients or employers.

Kratko predstavljanje
Promocija u liftu

Značenje: Kratak, ubedljiv govor koji se koristi za brzo i efikasno predstavljanje proizvoda, usluge, ideje ili osobe potencijalno zainteresovanoj strani.

Doslovno znači „promocija u liftu," što ukazuje da govor treba da bude dovoljno kratak da se održi tokom vožnje liftom. Cilj je privući pažnju, izazvati interesovanje, i ostaviti utisak. Predstavljanje treba da bude sažeto, jasno, i upečatljivo.

Primer: Dok idete da se nađete s novim klijentom, šef vam kaže: „Nadam se da ste se spremili za kratko predstavljanje." To znači da vaš šef očekuje da ste pripremljeni da brzo i efikasno predstavite proizvod vaše kompanije novom klijentu.

Poreklo: Ovaj termin je nastao u SAD kada je porasla izgradnja nebodera. Kako su visoke zgrade postale uobičajene, tako su postali uobičajeni i liftovi. Tokom vožnje liftom raznorazni prodavci i oni koji traže posao iskoristili bi to kratko vreme da održe brzu i ubedljivu prodajnu prezentaciju potencijalnim klijentima ili poslodavcima. Ne mogu da nam pobegnu iz lifta, što je prilika da ih na brzinu zadivimo.

54. Touch Base

Meaning: To get in contact with someone or to meet briefly to discuss something or to exchange information.

This idiom is often used as a casual and informal way to schedule a meeting or follow up on a project.

Example: After being hired, a manager might tell the new employee, "Hi Mike, welcome to our team! As you settle into your new role, I'd like to schedule a meeting to touch base and ensure you're getting up to speed on everything. We can discuss your onboarding progress so far, any questions you may have, and your goals and expectations for the role. How about we meet in my office next Tuesday at 2 P.M.?" This means the manager would like to schedule a meeting with Mike, but the phrase "touch base" implies it is a less formal meeting and not one that Mike needs to prepare for.

Origins: The phrase comes from baseball, where runners must touch each base to score a run. "Touching base" means stepping on a base with your foot, ensuring you have not missed any bases and can continue running. Players must touch each base to score a run. Thus, touching a base ensures they are on track to scoring a run.

Porazgovarati
Hajde da dodirnemo bazu

Značenje: Stupiti u kontakt s nekim ili se nakratko sastati kako biste razgovarali ili razmenili informacije.

Često se koristi u cilju ležernog i neformalnog zakazivanja sastanka, praćenja toka projekta, ili razgovora o nekom drugom pitanju.

Primer: Nakon što je novi zaposleni primljen u tim, menadžer mu kaže: „Zdravo, Pavle, dobro došao u naš tim! Želeo bih da zakažem sastanak kako bismo porazgovarali o vašem dosadašnjem napretku, svim pitanjima koja imate, kao i vašim ciljevima i očekivanjima. Šta mislite da porazgovaramo u utorak u 14.00 u mojoj kancelariji?"

Poreklo: Izraz dolazi iz sveta bejzbola, gde trkači moraju da dodirnu svaku bazu kako bi zatvorili krug. „Dodirivanje baze" znači da nogom stanete na nju, vodeći računa da niste propustili nijednu i da možete da nastavite da trčite. Igrači moraju dodirnuti svaku bazu, 1, 2, 3 i kućnu, da bi završili krug. Dakle, „dodirivanje baze" (touch base) sa nekim podrazumeva da su na pravom putu da postignete cilj.

55. Down a Rabbit Hole

Meaning: Becoming engrossed in a pursuit that leads one on a journey of discovery, often with unexpected or unintended results.

It can also imply losing oneself in a complex, confusing, or surreal situation with no clear end or resolution.

Example: This phrase might be used to refer to a situation where an employee becomes absorbed in a task, spending excessive time on it without making much progress or achieving the intended outcome. For instance, maybe they became too focused on a particular aspect of the project, losing sight of the bigger picture and failing to prioritize tasks effectively. Their manager might say to them, "You went down a rabbit hole, but I need you to get refocused on what matters."

Origins: The phrase is derived from Lewis Carroll's classic children's book *Alice's Adventures in Wonderland*. In the story, Alice follows a rabbit down a hole and finds herself in a strange and surreal world filled with bizarre characters and nonsensical events.

Upasti u spiralu
Niz zečju rupu

Značenje: Ova metafora se odnosi na potragu koja vodi na put otkrića, često sa neočekivanim rezultatima. Takva zaokupljenost se takođe vezuje za trenutak kad se izgubite u složenoj i zbunjujućoj situaciji za koju nema jasnog ishoda ili rešenja.

Primer: Izraz se može koristiti u situaciji u kojoj zaposleni postaje zaokupljen jednim aspektom zadatka, trošeći previše vremena na njega, a ne postiže mnogo ili ne postiže željeni rezultat u punoj meri. Na primer, možda se previše usredsredio na određeni aspekat projekta i gura ga u tom pravcu, ali gubi iz vida širu sliku i ne uspeva da se posveti svim elementima zadatka.

Poreklo: Fraza je potekla iz klasika za decu Luisa Kerola „Alisa u Zemlji čuda". U toj priči Alisa prati zeca niz rupu i pojavljuje se u čudnom i fantastičnom svetu, ispunjenom bizarnim likovima i apsurdnim događajima.

56. Thrown Under the Bus

Meaning: To betray or sacrifice someone to avoid blame or punishment for your mistake or wrongdoing.

Example: When someone throws another person under the bus, they shift the blame onto that person, even if that person is not at fault. This is often a deliberate act of deception, but it could also be a sign of poor leadership. Often, it causes resentment and distrust and damages relationships in the workplace. For example, if a project goes wrong and a manager blames Margaret, one of the team members, instead of taking responsibility for the mistake, then Margaret can be said to have been **thrown under the bus** by her manager.

Origins: The phrase is rooted in the literal act of pushing someone in front of a moving bus, which is dangerous and potentially deadly. The phrase "under the bus" implies that the person being thrown is put in harm's way or used as a shield to protect the person doing the throwing. It refers to figuratively pushing someone before a bus to save oneself.

Baciti pod točkove
Baciti pod autobus

Značenje: Izdati ili žrtvovati nekoga da biste izbegli krivicu ili kaznu za sopstvenu grešku ili nedela. Odnosi se na figurativno guranje nekog drugog pod autobus da biste se vi spasli.

Primer: Kada neko baci osobu pod točkove, krivicu prebacuje na nju, čak i ako ona nije kriva. Posredi može biti namerni čin obmane ili znak lošeg rukovodstva. Izaziva ljutnju, nepoverenje, i narušava međuljudske odnose na radnom mestu. Na primer, ako projekat krene naopako i menadžer okrivi nekog od članova svog tima umesto da preuzme odgovornost za grešku, on je tog člana tima metaforički gurnuo pod točkove.

Poreklo: Izraz je skovan na osnovu doslovnog čina guranja nekoga pod autobus u pokretu, što je opasno i životno ugrožavajuće. Ukazuje na to da je osoba koja je bačena dovedena u opasnost ili da je poslužila kao štit koji je zaštitio onog koji ju je gurnuo.

57. Cold Feet

Meaning: This refers to becoming nervous, anxious, or hesitant about doing something that one had planned to do.

It describes a situation where someone loses confidence or courage and backs out of a commitment at the last minute.

Example: As your colleague returns from a business conference, you ask him how his presentation went. His face falls as he responds, "I was ready to take the stage and give the speech, but when the moment came, I got cold feet." You can see the disappointment on his face as he recounts how his nerves got the better of him, and he lost the chance to make a lasting impression. In this example, "cold feet" is used to demonstrate that although he had planned to present when the time came to get on stage, he got nervous and backed out.

Origins: It is believed to have originated in the US in the early 20th century, referring to the physical sensation of having cold feet, making it less likely you'll keep moving.

Trema
Hladna stopala

Značenje: Ovaj idiom se odnosi na to da postajete nervozni, uznemireni, ili oklevate da uradite nešto što ste planirali. Opisuje situaciju u kojoj neko gubi samopouzdanje ili hrabrost i odustaje od obaveze u poslednjem trenutku.

Primer: Kolega se vratio sa poslovne konferencije i vi se raspitujete kako je prošlo njegovo izlaganje. Njegovo lice se snuždi dok odgovara: „Spremao sam se da izađem na binu i održim govor, ali kada je došao taj trenutak, pojela me je trema. Na njegovom licu vidite razočaranje dok priča kako su ga živci savladali, te je protraćio priliku da ostavi dobar utisak. Ovde cold feet (trema) znači da se on, iako je planirao da se pojavi, kada je došlo vreme, unervozio, predomislio, i nije se ni pojavio. U zadnjem trenutku je odustao.

Poreklo: Veruje se da je ovaj idiom nastao u SAD početkom 20. veka, a odnosi se na fizički osećaj hladnih stopala, što podrazumeva da ćete se teže kretati.

58. Coloring Outside the Lines

Meaning: To behave or act unconventionally, outside the established rules.

It refers to deviating from a standard or doing something unexpected or unorthodox. It suggests a willingness to take risks, challenge norms, and think outside the box.

Example: In a structured business setting, coloring outside the lines can be viewed negatively, implying a disregard for rules. During a meeting, a manager might say, "I appreciate your creativity, but you are coloring outside the lines on this. I need you to stick to the established guidelines and comply with the requirements."

Origins: The phrase is a metaphor for coloring outside the lines in a coloring book, which is seen as a creative or playful activity. The expression gained popularity in the 1960s and 1970s during cultural and social upheaval in the United States. It became associated with the counterculture movement and the rejection of traditional norms and conventions. As such, the phrase is often used to describe a willingness to challenge authority, question established beliefs, and think creatively.

Biti kreativan
Bojite izvan linija

Značenje: Ponašate se ili postupate na način koji je nekonvencionalan, izvan utvrđenih pravila. Odnosi se na odstupanje od standarda ili činjenje nečega što je neočekivano ili neobičajeno. Izraz ukazuje na spremnost da se rizikuje, preispitaju pravila, i razmišlja van konvencionalnih okvira.

Primer: U strukturiranom poslovnom okruženju, kreativnost se može posmatrati negativno, jer implicira nepoštovanje pravila. Tokom sastanka menadžer može da vam kaže: „Cenim kreativnost, ali preterujete. Moramo da se pridržavamo utvrđenih smernica kako bismo ispunili sve zahteve".

Poreklo: Fraza je metafora za čin bojenja van linija u bojanci, što se često posmatra kao kreativna aktivnost. Izraz je stekao popularnost šezdesetih i sedamdesetih, u vreme kulturnih i društvenih preokreta u SAD. Počeo je da se povezuje sa pokretom kontrakulture i odbacivanjem tradicionalnih normi i konvencija, te se često koristi da opiše spremnost da se ospori autoritet, preispitaju utvrđena uverenja, i razmišlja izvan utvrđenih okvira.

59. Empty Suit

Meaning: A person who looks impressive on the outside but has little ability to back up it up.

A person described as an "empty suit" is all style and no substance or is merely seen as a figurehead with no real power or influence.

Example: A new CEO was hired to help a struggling company recover. The CEO boasts about his credentials, experience, and ability to turn any company around. After several months on the job, though, it becomes clear the CEO is all talk and no action. He makes lofty promises but does not follow through on those promises. He is more interested in his image and reputation than in actually rebuilding the company. In this scenario, stakeholders might refer to the CEO as an "empty suit" to suggest that he appears impressive on paper but lacks the substance to turn the company around.

Origins: The exact origin is unknown, but one theory is that it refers to a man's suit that was empty or had no body inside, such as a suit displayed in a store window or on a mannequin.

Spolja gladac, a iznutra jadac
Prazno odelo

Značenje: Osoba koja zadivljuje svojim izgledom, ali nema mnogo toga drugog da ponudi niti sposobnost da zadivi nečim drugim. Doslovno znači „prazno odelo," a osoba koju tako opisujemo je veoma sređena i doterana, ali nema suštinu, ili se posmatra kao figura bez sadržaja ili uticaja.

Primer: Novi direktor je došao na to mesto da postavi na noge kompaniju koja je u teškom stanju. Generalni direktor se hvali svojim zadivljujućim kompetencijama, iskustvom, i sposobnošću da povrati ugled kompanije. Međutim, nakon nekoliko meseci na poslu postaje jasno da generalni direktor samo priča, a ništa ne preduzima. Daje velika obećanja, ali ne radi ništa da ih ispuni. Više ga zanimaju njegov imidž i ugled nego obnavljanje kompanije.

U toj situaciji zaposleni mogu za generalnog direktora reći da je „spolja gladac, a iznutra jadac" kako bi pokazali da on deluje zadivljujuće na prvi pogled, ali mu nedostaje veština koja je neophodna kako bi pomogao kompaniji.

Poreklo: Tačno poreklo je nepoznato, ali jedna teorija je vezana za muško odelo koje je prazno, odnosno niko ga nije obukao, poput odela izloženog u izlogu prodavnice ili na lutki.

60. Back to the Drawing Board

Meaning: To start over from the beginning because a previous attempt was unsuccessful.

Example: When Microsoft launched the Xbox One in 2013, it received negative feedback regarding its high price, complex features, and restrictive policies. Microsoft decided to go back to the drawing board and make changes. They lowered the price, removed the controversial features, and focused on promoting it as a gaming console. The redesigned Xbox One was more successful than the original, and it helped solidify Microsoft as a significant player in the gaming industry. This shows how a company can take feedback and criticism and use it to improve and refine its product or strategy. By being willing to go back to the drawing board and make changes, Microsoft was able to turn a failed product launch into a successful one.

Origins: In the US during World War II, engineers would sketch their ideas and plans on a drawing board or drafting table. If a particular design or idea didn't work out as planned, the engineers often had to go "back to the drawing board" to make changes and try again.

Opet jovo nanovo
Nazad na tablu za crtanje

Značenje: Početi iz početka jer je prethodni pokušaj bio neuspešan.

Primer: Kada je „Microsoft" lansirao „Xbox One" 2013. godine, dobio je negativne kritike zbog previsoke cene, previše složenih funkcija, i restriktivnih  pravila. „Microsoft" je shvatio da mora opet Jovo nanovo i da izvrši promene. Snizili su cenu, uklonili kontroverzne karakteristike, i fokusirali se na to da promovišu proizvod kao konzolu za igranje. Redizajnirani „Xbox One" bio je uspešniji od originala i omogućio je „Microsoftu" da preuzme palicu u industriji video-igica. To pokazuje kako kompanija može da prihvati povratne informacije i kritiku i iskoristi ih kao priliku da poboljša i usavrši svoj proizvod ili strategiju. Budući da je bio spreman da počne sve iz početka i izvrši promene, „Microsoft" je neuspelo lansiranje proizvoda pretvorio u uspešno.

Poreklo: U SAD tokom Drugog svetskog rata, inženjeri bi skicirali svoje ideje i planove na tabli ili na stolu za crtanje. Ako određeni dizajn ili ideja nisu funkcionisali onako kako je planirano, inženjeri su morali da se vraćaju „na tablu za crtanje" i pokušaju iz početka.

61. Pan Out

Meaning: To turn out as expected or to be successful in achieving a particular outcome.

This expression describes situations that involve some uncertainty or risk, but where the expectation is that the outcome will "pan out" and turn out planned.

Example: Going into a meeting to discuss a new business merger, your boss might say, "I'm not sure if this new business venture will pan out, but I am hopeful that it will be successful." This implies there is some uncertainty or risk in the business venture, but your boss is optimistic that it will succeed in the end.

Origins: This saying comes from panning for gold, a standard method of extracting gold from rivers and streams during the California Gold Rush in the mid-1800s. Prospectors would sift through sand and gravel in a shallow pan, looking for small flakes or nuggets of gold. If the panning process was successful, it would "pan out," meaning that the prospector had found a worthwhile amount of gold in the pan.

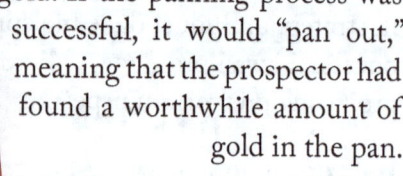

Sve će doći na svoje
Ispašće iz tiganja

Značenje: Kada nešto ispadne onako kako se očekivalo ili se postigne neki cilj. Ovaj izraz se koristi da opiše situacije u kojima postoji neizvesnost ili rizik, ishod je nejasan, ali se očekuje da će sve ispasti kako je planirano.

Primer: Dok ide na sastanak, vaš šef kaže: „Nisam siguran da li će ovaj novi poslovni poduhvat uspeti, ali se nadam da će sve doći na svoje." Time se pokazuje da postoji neizvesnost i rizik u pogledu tog poslovnog poduhvata, ali šef je optimističan da će uspeti.

Poreklo: Ova izreka potiče od uobičajenog metoda vađenja zlata iz reka i potoka tokom kalifornijske Zlatne groznice sredinom 1800-ih. Kopači bi stavili pesak i šljunak u plitku posudu koja je ličila na tiganj, pomešali ga sa vodom, i protresli nekoliko puta, da vide da li će se sitno grumenje zlata naći na dnu tiganja. Ako se nešto našlo na dnu tiganja, to znači da je pronađena određena količina zlata, tj. da je uspeh ostvaren.

62. Elbow Grease

Meaning: Physical effort, hard work, and manual labor put into completing a task.

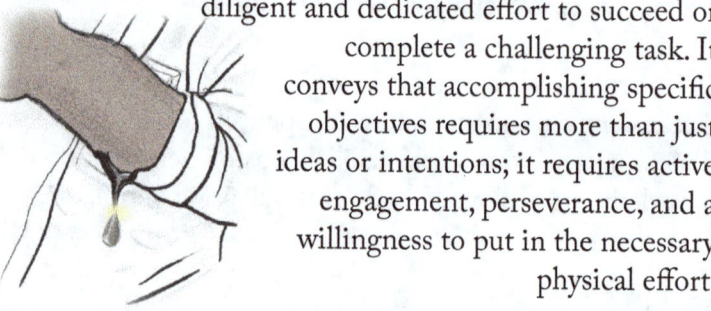

The phrase is used metaphorically, emphasizing a need for diligent and dedicated effort to succeed or complete a challenging task. It conveys that accomplishing specific objectives requires more than just ideas or intentions; it requires active engagement, perseverance, and a willingness to put in the necessary physical effort.

Example: A team is working on a project with a tight deadline. The project requires attention to detail and hands-on effort. In a team meeting, the project manager says, "Alright, we have a challenging task ahead of us. We need to apply some serious elbow grease to meet this deadline. Let's roll up our sleeves, work together, and give it our all." In this example, the manager used the phrase to motivate the team and emphasize the importance of dedicated effort. Its use helps to encourage the team members to exert themselves, work hard, and go the extra mile to accomplish the goal.

Origins: The idiom is derived from applying grease to mechanical devices to make them work smoothly. The term was then metaphorically extended to represent the physical effort and energy required to achieve a desired outcome.

Zasukati rukave
Mast na laktovima

Značenje: Težak umni ili fizički napor koji se ulaže da bi se izvršio zadatak.

Izraz se koristi metaforički, a opisuje potrebu za marljivim i predanim radom da se postigne uspeh ili završi težak zadatak. Prikazuje ideju da je za postizanje određenih ciljeva potrebno mnogo više od puke ideje ili namere; neophodno je aktivno angažovanje, istrajnost, i spremnost da se uloži fizički napor.

Primer: Tim radi na projektu koji ima kratak rok da se završi. Projekat zahteva obraćanje pažnje na detalje i praktičan napor. Na sastanku tima, menadžer projekta kaže svima: „Dakle, pred nama je izazovan zadatak. Moraćemo ozbiljno da prionemo na posao da bismo ispunili ovaj rok. Hajde da zasučemo rukave, potrudimo se zajedno, i damo sve od sebe". U

ovom primeru izraz se koristi da motiviše i naglasi važnost posvećenog truda. Podstiče članove tima da se potrude, naporno rade i ulože još više snage da bi postigli cilj.

Poreklo: Proističe iz prakse podmazivanja mašina mašću kako bi one nesmetano radile. Značenje termina je zatim metaforički prošireno na fizički napor i energiju koji su potrebni za postizanje željenog ishoda.

63. Out of the Blue

Meaning: Something happens unexpectedly without any warning or explanation.

Example: This expression is used to describe situations where something surprising or unusual occurs, seemingly out of nowhere. For example, a resignation from a key employee who had not indicated dissatisfaction or intention to leave the company would be considered an "out of the blue" event, because it was unexpected and caught everyone off guard.

Origins: The phrase originated in the late 1800's. It was inspired by the sudden appearance of thunderstorms on clear days, which seem to come "out of the blue" sky without any warning.

Iz vedra neba

Značenje: Nešto se dešava neočekivano, bez ikakvog upozorenja ili objašnjenja, kao grom iz vedra neba.

Primer: Ovaj izraz se koristi da opiše situacije u kojima se dešava nešto iznenađujuće ili neobično, naizgled niotkuda. Na primer, kada važan radnik iznenada da otkaz, a da prethodno nije dao nikakve naznake nezadovoljstva ili namere da ode, to se smatra otkazom iz vedra neba, jer je bio neočekivan i kompanija je ostala zatečena tim potezom.

Poreklo: Fraza je nastala krajem 1800-ih. Inspirisana je iznenadnom pojavom grmljavine u vedrim danima, koja kao da je došla iz vedra neba, bez ikakvog upozorenja (tj. tmurnih oblaka).

64. Caught Red-Handed

Meaning: Caught in the act of doing something wrong.

This expression is most often used when someone is caught engaging in an illegal activity.

Example: In 1872, there was a scandal in the US involving government officials accepting bribes in exchange for granting lucrative contracts to companies. James Brooks, a member of Congress from New York, was accused of accepting a bribe. During a hearing, a witness testified that he had seen Brooks take a bribe and had marked the money with a red X. When confronted, Brooks denied any wrongdoing and claimed that the witness was lying. However, when the bills marked with a red X were produced as evidence, Brooks was caught red-handed and forced to admit his guilt. He was then expelled from Congress and sentenced to two years in prison.

Origins: This phrase initially referred to someone who was caught with blood on their hands after committing a crime. The use of the phrase evolved to include any situation where someone was caught in any type of wrongdoing.

Uhvaćen na delu
Biti uhvaćen s crvenim rukama

Značenje: Biti uhvaćen na delu. Ovaj izraz se najviše koristi kada nekoga uhvate dok se bavi nezakonitom radnjom.

Primer: Godine 1872. došlo je do skandala u SAD sa zvaničnicima vlasti koji su primali mito u zamenu za davanje unosnih ugovora kompanijama. Džejms Bruks, član Kongresa iz Njujorka, optužen je za primanje mita. Tokom saslušanja svedok je rekao da je video Bruksa kako uzima mito i kako je novac bio označen crvenim znakom „X." Bruks je na saslušanju negirao da je kršio zakon i tvrdio da je svedok lagao. Međutim, kada su se kao dokaz pojavile pomenute obeležene novčanice, Bruks je uhvaćen na delu i bio je primoran da prizna krivicu. Izbačen je iz Kongresa i osuđen na zatvorsku kaznu.

Poreklo: Termin „crvenih ruku" se tokom istorije odnosio na nekoga kome je pronađena krv na rukama nakon što je počinio zločin. Termin se kasnije proširio uključivši druge situacije u kojima je neko uhvaćen na delu.

65. Deer in the Headlights

Meaning: A state of shock or confusion.

Someone is so startled or overwhelmed at the moment that they cannot act or respond.

Example: After a team meeting in which your boss called on your colleague Karla for insight, and she didn't respond, you might say to your coworker as you are walking out of the meeting, "When the boss asked Karla a question, she just stared at him like a deer in the headlights." This implies to your co-worker that you noticed the boss's question caught Karla off guard. She was so surprised to be called on by the boss that she could not think of anything to say in response.

Origins: The phrase originated in the US in the early 20th century. It refers to the tendency of deer to freeze in place when the bright headlights of a car suddenly confront them.

Blene kao tele u šarena vrata
Kao jelen pred farovima

Značenje: Stanje šoka ili zbunjenosti u trenutku kada neko nije u stanju da reaguje.

Primer: Nakon sastanka šef je tražio koleginici Karli da prokomentariše ishod sastanka, a ona nije ništa rekla. Dok izlazite iz kancelarije, kažete prijateljici: „Kada je šef postavio Karli pitanje, ona je blenula u njega kao tele u šarena vrata." To znači da je Karla bila zatečena pitanjem i nije znala šta da odgovori.

Poreklo: Izraz je nastao u SAD početkom 20. veka. Odnosi se na sklonost jelena da se zalede na mestu kada se nađu oči u oči sa farovima auta. U Srbiji postoji priča da su se krave bez greške vraćale svaki dan u štalu. Jednog dana seljak je ofarbao vrata štale u drugu boju, i krave su stajale ispred njih ne znajući kuda da idu, pošto za njih to nisu bila ista vrata. Tako se i ljudi mogu iznenaditi nekim neuobičajenim i neočekivanim pitanjem ili postupkom. Na srpskom konotacija ove fraze je obično negativna, u smislu da neko ne razume šta se dešava.

66. Pushing the Envelope

Meaning: To test the limits or boundaries of what is possible or acceptable in a particular situation.

This expression describes situations where someone tries to be creative by taking risks and trying new approaches. The person who is being creative is "pushing the envelope" because she is willing to go beyond what is conventional or expected to achieve her goals.

Example: At a company-wide meeting, the owner might say to employees, "Our company is pushing the envelope by developing new technologies far beyond what our competitors are doing." This shows that the owner believes that the company is taking risks and trying new things to stay ahead of the competition and be innovative.

Origins: This phrase originally referred to the practice of test pilots pushing the limits of their aircraft to see what it was capable of. In this context, the term "envelope" refers to the range of conditions under which an aircraft can safely operate. Test pilots would "push the envelope" by testing the aircraft under more extreme conditions to see what it can do when stretched.

Testirati granice
Proširiti kovertu

Značenje: Testirati granice mogućeg ili prihvatljivog u određenoj situaciji. Ovaj izraz se koristi za situacije u kojima neko pokušava da postigne više tako što rizikuje i isprobava nove pristupe. Doslovno znači „proširiti kovertu" i odnosi se na nekog ko je spreman da ode dalje od onoga što je predviđeno kako bi postigao još bolje rezultate.

Primer: Na sastanku cele kompanije vlasnik kaže zaposlenima: „Naša firma testira granice tako što razvija nove tehnologije koje su iznad onoga što rade naši konkurenti". To znači da kompanija preuzima rizik i primenjuje nove pristupe kako bi ostala ispred konkurencije i bila inovativna.

Testiramo granice sa našom novom linijom proizvoda

Poreklo: Prvobitno se odnosilo na naviku probnih pilota da pomeraju granice svojih letelica kako bi videli za šta su one sposobne. „Koverat" se u ovom kontekstu odnosi na niz uslova pod kojima avion može bezbedno da radi. Probni piloti „šire koverat" testiranjem aviona u ekstremnijim uslovima, kako bi videli šta sve mogu da urade.

67. The Ball Is in Your Court

Meaning: It is your turn or responsibility to act or decide in a particular situation.

This expression indicates that someone has completed their part of a task, and it is now up to the other person to respond or take action. It suggests that the next move is in the other person's hands.

Example: In a business negotiation, one party might say to the other, "We have made our offer, and now the ball is in your court." This means that they have presented their proposal, and it is now up to the other party to accept, reject, or counteroffer.

Origins: This saying comes from racquet sports such as tennis, where players take turns hitting a ball back and forth across a net. When one player hits the ball to their opponent, it is the opponent's turn to hit the ball back.

Lopta je u vašem dvorištu
Lopta je na vašem delu terena

Značenje: Kada je vaš red ili vaša odgovornost da donesete odluku ili preduzmete akciju u određenoj situaciji. Ovaj izraz se koristi da označi da smo završili svoj deo zadatka, a sada je na drugoj osobi da odgovori ili preduzme akciju.

Primer: U poslovnim pregovorima jedna strana kaže: „Dali smo ponudu i lopta je sada u vašem dvorištu." To znači da su oni predstavili svoj predlog i sada je na drugoj strani da ga prihvati, odbije ili da kontraponudu.

Poreklo: Idiom potiče od sportova s reketima, kao što je tenis. Na primer, kada teniser prebaci loptu preko mreže u deo terena drugog igrača, onda je na njemu da odgovori ili prekine igru. Mi smo reagovali, sledeći potez je na vama.

68. Casts Pearls Before Swine

Meaning: To offer valuable things to people who do not appreciate or understand their worth.

The phrase suggests that the person making the valuable offering is wasting their time and effort.

Example: Imagine a luxury fashion brand creating a new line of high-end products with premium materials, advanced designs, and craftsmanship. But, the brand launches the products in a market where the consumers do not value high-end fashion. In this case, the fashion brand casts pearls before swine -by offering its valuable product to consumers who do not appreciate its worth. "Pearls" can refer to anything of value - fashion, new research findings, or even just wise advice that is given to people who do not listen.

Origins: This phrase originates from the Bible, specifically from the Gospel of Matthew. In this passage, Jesus says, "Do not give dogs what is holy, and do not throw your pearls before pigs, lest they trample them underfoot and turn to attack you." (Matthew 7:6).

Bacati bisere pred svinje

Značenje: Ponuditi nešto vredno onima koji ne cene ili ne razumeju vrednost toga. Ovaj izraz se koristi da ukaže na to da osoba koja daje vrednu ponudu uzalud ulaže napore.

Primer: Luksuzni modni brend kreira novu liniju proizvoda sa vrhunskim materijalima, dizajnom, i veštinom izrade. Ali brend lansira proizvode na tržištu na kojem potrošači ne cene visoku modu. U tom slučaju, modni brend baca bisere pred one koji ne cene njegovu vrednost. Biseri mogu predstavljati bilo šta što je vredno: modu, nove pronalaske, ili mudar savet onima koji ne žele da ga slušaju.

Poreklo: Ova fraza potiče iz Biblije, tačnije iz Jevanđelja po Mateju. U ovom delu Hrist kaže: „Ne dajte svetinje psima, niti bacajte bisera svojih pred svinje, da ih ne pogaze nogama svojim i ne okrenuvši se ne rastrgnu vas" (Matej 7:6).

69. Open a Can of Worms

Meaning: To create a situation that causes trouble, difficulty, or confusion, by stirring up a controversial issue.

Example: When someone takes an action or makes a statement that leads to unforeseen consequences, they are said to have "opened a can of worms," meaning they have created a worse situation that has now become difficult to control. For instance, imagine that during a staff meeting, one of the company executives raises the issue of pay inequality. This leads to a heated debate and subsequent protests from the underpaid employees. In this scenario, an onlooker might say that the executive "opened a can of worms" by bringing up the issue. Now, the situation is worse and will require much time and effort to resolve.

Origins: To fish, many fishermen bait their hook with a worm. Most often, worms for fishing are sold in cans, which can be purchased at bait and tackle shops. Once the fisherman opens the can, the worms become tangled and difficult to manage, making it challenging to get them back in the can. The idiom suggests that opening a can of worms can create more problems than it solves, like the difficulty of managing tangled worms.

Otvoriti pandorinu kutiju
Otvoriti konzervu crva

Značenje: Stvoriti situaciju koja će verovatno izazvati nevolje, poteškoće ili zabunu, često pokretanjem kontroverznog pitanja ili teme.

Primer: Kada neko preduzme akciju ili da izjavu koja vodi do nepredviđenih posledica, za njega se kaže da je otvorio Pandorinu kutiju, što znači da je prouzrokovao situaciju koju je teško kontrolisati. Na primer, tokom sastanka direktor kompanije postavlja pitanje nejednakosti plata među zaposlenima. To dovodi do rasprave i nezadovoljstva zaposlenih. U ovom slučaju moglo bi se reći da je direktor otvorio Pandorinu kutiju jer se njegovo pitanje pretvorilo u sporan i složen problem koji zahteva mnogo vremena i truda da se reši.

Poreklo: Odnosi se na poteškoće u hvatanju crva za pecanje. Često se crvi za pecanje prodaju u konzervama, koje se mogu kupiti u prodavnicama mamaca i pribora. Kada ribar otvori konzervu, crvi se brzo zapetljaju i teško ih je otpetljati i svakog pojedinačno zakačiti za udicu. Izraz upućuje na to da otvaranje konzerve crva može stvoriti više problema nego što ih rešava, na primer, poteškoće sa zapetljanim crvima.

70. Hit the Ground Running

Meaning: To begin a task with great speed, energy, and efficiency, without delay or hesitation.

This phrase describes situations where someone starts a new job, project, or venture with a sense of urgency and determination, demonstrating motivation and enthusiasm. It suggests that the person is well-prepared, ready to tackle the challenges ahead, and eager to get started without delay.

Example: Imagine a new employee starting his job on Monday. He is immediately given a list of tasks to complete. If he quickly and efficiently completes all the tasks he was given, his boss might say to him, "Wow, you really hit the ground running. Great work!" It can also be used when asking for a task or applying for a job that you have experience with. In this case, you might tell someone that you can "hit the ground running" as you have done similar work in the past.

Origins: It originated in the early 20th century in the US, inspired by the idea of starting a journey by running, rather than walking or taking a slow and leisurely pace.

Krenuti oštro
Potrčati

Značenje: Početi nesto veoma brzo i snažno bez odlaganja i kolebanja.

Primer: Ovaj izraz opisuje situacije u kojima neko započinje novi posao, projekat ili poduhvat preduzimljivo i odlučno, pokazujući visok nivo motivacije i poleta. Ukazuje na to da je osoba dobro pripremljena, spremna da se uhvati ukoštac s izazovima koji su pred njom, i voljna je da počne bez ikakvog odlaganja. Na primer, zamislite da novi radnik započinje posao u ponedeljak i odmah dobije spisak zadataka koje treba da izvrši. Ako obavi sve zadatke na vreme i kako treba, pokazujući sposobnost da brzo uči i efikasno radi, možete reći da je krenuo oštro.

Poreklo: Nastao je početkom 20. veka u SAD, kao zamisao da se na put krene trčanjem, a ne hodanjem i laganim tempom.

71. Can't See the Forest for the Trees

Meaning: To become so focused on small details that one loses sight of the bigger picture.

Example: A company is launching a new product, but they are only focused on the product details, such as design, features, and packaging. This causes the team to overlook the bigger picture, such as the target audience, market trends, and competitors. The launch fails. The team is puzzled and tries to adjust the product, but sales do not improve. In this scenario, the team "can't see the forest for the trees" because they are too focused on the details and are not seeing the bigger picture of the market and the competition. They have lost sight of the overall strategy and goals.

Origins: One theory is that a person walking through a dense forest becomes so focused on the trees that they fail to stay oriented in the forest as a whole - and, thus, they get lost. Another theory is from cartography, where mapmakers would decide on features to include on a map. If a mapmaker became too focused on individual features, such as rivers or mountains, they might lose sight of the overall geography.

Od drveća se ne vidi šuma

Značenje: Postati toliko usredsređen na sitne detalje da izgubite iz vida širu sliku.

Primer: Kompanija plasira novi proizvod i usredsređuje se na njegove detalje, poput dizajna, karakteristika, i pakovanja. Tim je toliko fokusiran na detalje da previđa širu sliku, koja podrazumeva ciljnu grupu, tržišne trendove, i konkurenciju. Lansiranje proizvoda nije uspelo. Tim je zbunjen i pokušava da prilagodi proizvod potrebama publike, ali prodaja ne raste. U ovom slučaju, tim ne vidi šumu od drveća jer ne vidi širu sliku tržišta i konkurencije. Izgubili su iz vida opštu strategiju i ciljeve kompanije, što je dovelo do neuspešnog lansiranja proizvoda.

Poreklo: Jedna teorija iz oblasti šumarstva tvrdi da osoba koja hoda kroz gustu šumu postaje toliko usredsređena na drveće da ne uspeva da se orijentiše u šumi kao celini – i tako se izgubi. Druga teorija je iz oblasti kartografije, po kojoj kartografi odlučuju o karakteristikama koje će biti uključene na karti. Ako se crtač mape previše usredsredi na pojedinačne karakteristike, kao što su reke ili planine, može da izgubi iz vida sveukupnu sliku.

72. Hold Your Horses

Meaning: Telling someone to slow down.

It is commonly used when someone gets ahead of themselves or becomes too excited or impatient about something.

Example: You might hear this phrase in a meeting where a colleague proposes a new strategy that others in the group are uncomfortable with. Someone on the team might tell the colleague, "hold your horses," to remind them to slow down and provide more information before moving forward. This phrase can be used to encourage caution and thoughtful consideration before deciding or taking action. It helps to prevent impulsive actions or decisions that could have negative consequences. It often has a negative connotation, suggesting that someone is moving too quickly and has not fully thought through all of the consequences.

Origins: The phrase originated in horse racing, where jockeys would need to restrain their horses at the starting line until the race began. The command to "hold your horses" reminded the jockey to keep the horse under control until the race started.

Uspori
Zauzdajte svoje konje

Značenje: Ovim izrazom se nekome saopštava da treba da uspori. Obično se koristi kada neko ide ispred vas ili je previše uzbuđen ili nestrpljiv.

Primer: Frazu možete čuti na sastanku kada kolega predlaže novu strategiju sa kojom ostali članovi tima nisu u potpunosti zadovoljni. Neko bi mogao da kaže kolegi da uspori kako bi im pružio više informacija pre nego što nastavi. Idiom se takođe koristi da se neko upozori na oprez i preispitivanje pre donošenja odluke ili preduzimanja radnje. Pomaže u sprečavanju impulsivnih koraka ili odluka koje mogu imati negativne posledice.

Poreklo: Izraz je verovatno nastao u kontekstu konjskih trka, gde džokeji moraju da obuzdaju svoje konje na startnoj liniji pre nego što trka počne. Naredba „zauzdajte svoje konje" podsećala bi džokeje da zaustave konje do početka trka.

73. Level Playing Field

Meaning: A situation where all competition, negotiation, or market participants have an equal opportunity to participate and compete without any unfair advantages or disadvantages.

Example: The government might work to create a level playing field for businesses by ensuring fair competition through regulations and policies that prevent unfair business practices. The idea behind a level playing field is to create a fair and just society where everyone can participate and compete based on their merits.

Origins: The phrase originated from the idea of playing sports on a field that is level and flat, with no slopes or uneven terrain that could give an advantage to one player or team. The phrase gained widespread popularity in the 1970s and 1980s in the US, particularly in discussions of economic policy and international trade. It became a famous metaphor for discussions about free trade, where the idea was to create a level playing field for all countries to compete equally without unfair advantages or disadvantages.

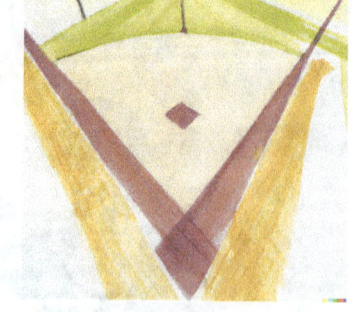

Iste šanse za sve
Ravan teren za igru

Značenje: Situacija u kojoj svi učesnici u igri ili na tržištu imaju jednake sistemske mogućnosti za uspeh, bez nepravednih privilegija ili smanjenih šansi.

Primer: Vlada bi mogla da radi na stvaranju jednakih uslova za sve firme tako što će uspostaviti fer konkurentnost kroz propise koji sprečavaju monopole, nameštanje cena, ili druge nepoštene poslovne prakse. Cilj istih šansi za sve jeste stvaranje pravednog društva u kojem svako ima priliku za uspeh na osnovu sopstvenih zasluga, a ne sistemskih prednosti.

Poreklo: Izraz je nastao na osnovu slike terena za igru koje je ravno, bez nagiba ili neravnina koji bi mogli da donesu prednost jednom timu. Fraza je stekla široku popularnost sedamdesetih i osamdesetih u SAD, posebno u kontekstu ekonomske politike i međunarodne trgovine. Metafora je postala popularna u diskusijama o slobodnom tržištu, čija je ideja da se stvore jednaki uslovi za sve zemlje da se ravnopravno takmiče na tržištu.

74. Whole Nine Yards

Meaning: The entirety of something.

Example: This idiom means giving something or someone your total effort, attention, or resources. For example, after finishing a difficult project, your colleague might say, "I gave that project the whole nine yards." This means they put in their best effort and did everything they could to complete it. The phrase can also refer to the entirety of something, such as "I read the whole handbook, all nine yards of it."

Origins: This saying originated in the context of military aircraft during World War II, where "nine yards" refers to the length of the ammunition belt in a machine gun of American combat planes. Giving someone "the whole nine yards" meant the pilot could fire all of the bullets - the entire length of the belt by giving it everything he had.

U potpunosti
Svih devet jardi

Značenje: U punoj meri, najviše što se može.

Primer: Ovaj idiom znači da u nešto uložite sav trud, pažnju ili resurse. Neko kaže: „Uložio sam u taj projekat sve što sam mogao", što znači da je dao sve od sebe i učinio sve da završi projekat. Fraza se takođe odnosi na punu meru nečega, na primer: „Pročitao sam ceo priručnik, od korica do korica."

Poreklo: Izreka je nastala u kontekstu vojnih aviona tokom Drugog svetskog rata, gde se „devet jardi" odnosi na dužinu redenika mitraljeza na američkim borbenim avionima. Istrošiti svih devet jardi značilo je da je pilot ispalio sve metke – celu dužinu pojasa sa municijom, i da ništa nije ostalo neiskorišćeno. Jarda je po dužini približna metru.

75. Think Outside the Box

Meaning: To think creatively or unconventionally.

It implies thinking beyond the confines of a predefined set of rules. To approach a problem or situation differently, or to consider innovative solutions.

Example: This type of thinking is helpful for developing new products and services, identifying new markets, solving complex problems, or finding new ways to streamline operations. It encourages employees to approach challenges with a fresh perspective and develop novel solutions. It involves taking risks, being open to new ideas, and challenging established norms and assumptions. It requires creativity, flexibility, and a willingness to explore

new possibilities. During a project's brainstorming phase, a manager might to the team, "I need you to think outside the box on this one. We need something fresh and new."

Origins: The phrase is attributed to a famous "nine dots puzzle," which involves connecting nine dots arranged in a square using only four straight lines. The puzzle is unsolvable if the lines are constrained to the box created by the nine dots, but it can be solved by extending the lines beyond the box, thereby, thinking "outside the box."

Razmišljati van okvira
Razmišljati van kutije

Značenje: Kreativno razmišljati, pristupiti problemu na drugačiji način, ili razmatrati inovativna rešenja. To je razmišljanje van okvira unapred definisanog skupa pravila.

Primer: Razmišljanje van okvira je korisno za razvoj novih proizvoda i usluga, identifikaciju novih tržišta, rešavanje složenih problema, ili pronalaženje novih načina za racionalnije poslovanje. Podstiče zaposlene da pristupe izazovima s drugačijom perspektivom, i da pronalaze nova rešenja. Uključuje rizik, otvorenost za nove ideje, i prevazilaženje utvrđenih normi i pretpostavki. Zahteva kreativnost, prilagodljivost, i spremnost da se istraže nove ideje.

Poreklo: Izraz se pripisuje mozgalici sa devet tačaka, koja podrazumeva povezivanje devet tačaka raspoređenih u kvadratu uz korišćenje samo četiri prave linije. Mozgalica je nerešiva ako ograničite linije na okvir kreiran pomoću devet tačaka, ali se može rešiti proširivanjem linija izvan okvira, te tako razmišljate „izvan okvira."

76. Skeletons in the Closet

Meaning: Secrets, especially those that could cause serious embarrassment if revealed.

Example: In 2015, the US Environmental Protection Agency accused Volkswagen (VW) of cheating on emissions tests for its diesel-powered vehicles. It was revealed that VW had installed software to detect when the car was being tested and temporarily reduce emissions to meet regulatory standards. However, during normal driving conditions, the cars emitted up to 40 times more nitrogen oxide than the legal limit. The scandal had financial and reputational consequences for VW. In this example, VW's "skeleton in the closet" was its years-long effort to cheat on emissions tests and deceive regulators.

Origins: This idiom is believed to come from the practice of medical students in the US in the early 1800's. The students would sometimes steal (or illegally buy) human cadavers or bones to use for their studies (as did Benjamin Franklin for his interest in studying human anatomy). The skeletons would be hidden in the students' closets to avoid detection.

Prljav veš
Kosturi u ormanu

Značenje: Nečije tajne, posebno one koje mogu izazvati veliku bruku ili strašan problem za vas.

Primer: Godine 2015. godine Agencija za zaštitu životne sredine (EPA) u SAD optužila je „Folksvagen" za varanje na testovima emisija za svoja vozila na dizel-motor. Otkriveno je da je „Folksvagen" instalirao softver koji otkriva kada se automobil testira i privremeno smanjuje emisiju izduvnih gasova kako bi ispunio  regulatorne standarde. Međutim, u normalnim uslovima vožnje, automobili su emitovali i do 40 puta više azotnih oksida od dozvoljene granice. Skandal je postao poznat kao Dizelgejt i imao je posledice po finansije i ugled „Folksvagen". Prljav veš za „Folksvagen" bio je dugogodišnje varanje na testovima i obmana institucija i kupaca.

Poreklo: Veruje se da ovaj idiom potiče iz prakse studenata medicine u SAD ranih 1800-ih. Studenti bi ponekad krali ljudske kosture iz grobova i koristili ih za učenje. Ako vam neko kaže da imate „kosture u ormanu," on misli (ili zna) da vi krijete velike i teške tajne. Na srpskom se ovaj idiom poklapa sa izrazom „ne čačkaj mečku."

77. Up in Arms

Meaning: To be angry or upset about something, often to the point of being ready to act.

Example: A company announces plans to relocate its manufacturing plant to another country, losing many jobs in the local community. The employees facing layoffs, their families, and community members are up in arms about the company's decision. The employees organize protests, engage in collective bargaining, and take legal action to stop the relocation. Meanwhile, community leaders lobby the company to reconsider its decision. In this case, "up in arms" describes the intense emotions and reactions of the employees and community members protesting the decision.

Origins: It originated in the 17th century when local warlords would raise armies to defend against invasion or fight in wars. When people were "up in arms," it meant they had taken possession of weapons and were ready to fight. The phrase brings an image of people who have become so angry or upset that they are prepared to act violently.

Dići se na noge
Naoružan

Značenje: Biti ljut ili uznemiren zbog nečega, do te mere da ste spremni da preduzmete oštru meru povodom toga.

Primer: Kompanija najavljuje planove da preseli svoj proizvodni pogon u drugu zemlju, što će dovesti do gubitka radnih mesta u lokalnoj zajednici. Zaposleni koje čekaju otkazi, kao i njihove porodice i članovi zajednice su se digli na noge protiv te odluke. Oni organizuju proteste, kolektivno pregovaraju i preduzimaju pravne radnje kako bi pokušali da zaustave preseljenje. U međuvremenu, predvodnici u zajednici lobiraju kod kompanije da preispita svoju odluku. U tom slučaju „dići se na noge" opisuje snažne emocije i postupke onih koji protestuju zbog odluke koja im se ne dopada.

Poreklo: Idiom je nastao je u 17. veku, u vreme kada su lokalne vođe često podizale vojske da bi se branile od invazije ili se borile u ratovima. Kada su se ljudi dizali na noge, to je značilo da su motivisani i naoružani za borbu. Predstavlja sliku mase ljudi koji su ljuti, uznemireni, naoružani, i spremni da preduzmu nasilne mere.

78. Dragging Your Feet

Meaning: To delay or put off doing something, often because of reluctance or indecision.

Example: If a manager had asked an employee to complete a report by the end of last week, but the employee kept delaying and not making progress, the manager might say to the employee, "I need you to stop dragging your feet." This implies the employee is not making a concerted effort to complete the report on time and is instead delaying the task. The idiom can also be used broadly to describe slow progress because of indecision or reluctance, such as in negotiations, business deals, or other decisions.

Origins: This phrase was used during World War II in the US. Soldiers who were reluctant to carry out orders or moved slowly were said to be "dragging their feet." The image is of someone walking slowly, and deliberately dragging their feet along the ground rather than moving quickly. Beating around the bush is a similar idiom, as both relate to delay and potential indecisiveness.

Vući se kô crevo
Vući noge

Značenje: Odlagati ili usporavati da se nešto uradi, često zbog manjka volje ili zbog neodlučnosti.

Primer: Ako je menadžer zamolio zaposlenog da završi izveštaj do kraja nedelje, a zaposleni odlaže zadatak, menadžer može da kaže da se zaposleni vuče kô crevo. To znači da se ne trudi da završi izveštaj na vreme, već odlaže zadatak. Idiom se takođe može koristiti u širem smislu da opiše situacije u kojima je napredak spor zbog neodlučnosti ili manjka volje, na primer u pregovorima, dogovorima ili donošenju odluka.

Poreklo: U SAD ovaj izraz se koristio tokom Drugog svetskog rata. Za vojnike koji nisu bili voljni da izvršavaju naređenja govorilo se da vuku noge. Idiom predstavlja sliku nekoga ko hoda polako, vuče noge po zemlji, umesto da se kreće brzo i odlučno.

79. Fair and Square

Meaning: To do something honestly and fairly, without cheating or cutting corners.

Example: A business is bidding for a government contract to provide services for an infrastructure project. The bidding is highly competitive, with several other companies also vying for the contract. After thoroughly evaluating all the proposals, the government awards the contract to the company that submitted the most comprehensive and cost-effective bid without any influence or unfair advantages. The company that won can be said to have won it fair and square.

Origins: In the past, traders and merchants would use square wooden blocks to measure quantities of goods, such as fabrics or grains, to ensure that they were fair and equal. A merchant who used a square block was seen as being honest and unbiased in their dealings.

Pošteno
Pošteno i u kvadrat

Značenje: Uraditi ili izračunati nešto pošteno, bez varanja.

Primer: Kompanija se prijavljuje za vladin tender za infrastrukturni projekat. Konkurencija je velika, jer se još nekoliko kompanija takmiči za isti tender. Nakon detaljne ocene svih predloga, vlada dodeljuje ugovor kompaniji koja je dala najsveobuhvatniju, čistu i jasnu ponudu, bez pritisaka i privilegija. Za tu firmu se može reći da je dobila tender pošteno.

Poreklo: U prošlosti su pojedini trgovci koristili drvene kutije u obliku kvadrata za merenje robe, kao što je tkanina, žitarice, so, šećer, i brašno, kako bi pokazali kupcima da su im izmerili dogovorenu količinu i nisu ih prevarili. Za trgovca koji je koristio kvadratnu kutiju za merenje umesto da vam otprilike govori koliko ste kupili, smatralo se da radi „pošteno i u kvadrat."

80. Feeding Frenzy

Meaning: People are competing aggressively and greedily for something that is in limited supply.

It describes a situation where people are acting in an uncontrolled or frenzied manner to obtain something.

Example: When a new technology product is launched, there may be a feeding frenzy among companies trying to secure partnerships, distribution agreements, or rights to the product. The phrase also describes situations where investors compete to invest in a promising start-up or a hot new economy sector, leading to a "feeding frenzy" of activity.

Origins: The phrase originates in marine biology, specifically related to the behavior of sharks when they feed. During a feeding frenzy, sharks become highly agitated and aggressive as they compete with each other to feed on prey or food.

Mala bara, puno krokodila
Pomama tokom hranjenja

Značenje: Situacija u kojoj se grupa ljudi agresivno i pohlepno takmiči za nešto što je u ograničenoj ponudi. Ljudi se često ponašaju nekontrolisano ili mahnito da bi dobili nešto što mnogo žele.

Primer: Kada se plasira novi tehnološki proizvod, to može ličiti na malu baru s puno krokodila (feeding frenzy) jer mnoge kompanije pokušavaju da obezbede partnerstvo, ugovor o distribuciji, ili prava na proizvod. Ovaj izraz takođe opisuje situacije u kojima se investitori takmiče da ulažu u perspektivni startap ili novi sektor privrede, što dovodi do okolnosti da je bara mala, a puno je krokodila u njoj.

Poreklo: Ova fraza potiče iz biologije mora, posebno u pogledu ponašanja ajkula dok jedu. Tokom hranjenja ajkule postaju veoma uznemirene i agresivno se takmiče jedna protiv druge kako bi dograbile plen.

81. Blessing in Disguise

Meaning: A situation that initially seems bad or unlucky but turns out to have a positive outcome.

Example: In 1968, Spencer Silver, a scientist at 3M, was working to develop a strong adhesive for aerospace applications. He accidentally created a weak adhesive that could be easily removed. Despite his disappointment, Silver recognized that the weak adhesive had potential applications and shared his discovery with colleagues. Another 3M scientist, Art Fry, was frustrated with the bookmarks he used in his church hymnal. They kept falling out, and he needed something that would stay in place but not damage the pages. Fry remembered Silver's weak adhesive and saw an opportunity to create a better bookmark. Fry worked with Silver to develop the prototype for what would become Post-it Notes. In this case, the initial failure to develop a strong adhesive was a blessing in disguise because it created one of the most recognized and beloved office items in history.

Origins: The origin is unclear. Some sources attribute the phrase to the French writer Jean de la Fontaine, who wrote in one of his fables: "Our greatest evils flow from ourselves as well as our greatest good, and hence it is that we often feel so much pain and pleasure at the same time."

Sreća u nesreći
Prikrivreni blagoslov

Značenje: Situacija koja izgleda loše ili negativno, ali se ispostavlja da ima pozitivan ishod.

Primer: Godine 1968. Spenser Silver, naučnik u „3M," radio je na razvoju jakog lepka za primenu u vazduhoplovstvu. Nenamerno je napravio slab lepak koji se lako uklanja.

Uprkos razočaranju Silver je prepoznao da ipak postoji potencijalna primena za taj lepak i podelio je svoje otkriće sa kolegama. Drugi „3M" naučnik, Art Fraj, bio je frustriran obeleživačima stranica koje je koristio u knjizi pesama u crkvi. Stalno su ispadali i trebalo mu je nešto što će ostati na mestu, ali što neće oštetiti stranice. Fraj se setio Silverovog slabog lepka i uvideo da može da napravi bolji obeleživač. Fraj je radio sa Silverom na razvoju prototipa za proizvod koji danas znamo kao samolepljive papiriće. U ovom slučaju prvobitni neuspeh naučnika da razvije jak lepak bio je sreća u nesreći jer je doveo do stvaranja jednog od najpoznatijih i najomiljenijih artikala kancelarijskog materijala u istoriji.

Poreklo: Poreklo izraza je nepoznato. Neki izvori tu frazu pripisuju francuskom piscu Žanu de la Fontenu, koji je u jednoj basni napisao: „Naše najveće zlo izvire iz nas samih, kao i naše najveće dobro; stoga često osećamo toliko bola i zadovoljstva u isto vreme".

82. Just My Two Cents

Meaning: A personal suggestion that is not necessarily grounded in scientific evidence or facts.

The phrase is often used to preface a statement offered humbly or tentatively. Including this idiom acknowledges to the other that the advice being offered may not be the most critical or informed perspective but is merely an opinion.

Example: You are sitting in a team meeting about next year's schedule. You know that your opinion about reducing the number of hours for new staff may be controversial and may not carry much weight, but you still want to offer it as a contribution to the conversation. To soften this potentially controversial statement and show deference to your manager or colleagues who have more expertise in this area, you say, "This is just my two cents, but I think we should consider reducing the number of hours that we schedule new staff."

Origins: It originated in the US in the early 20th century as a colloquial expression. It gained popularity during the Great Depression when Americans struggled financially, and a penny or two would have been a significant amount. The phrase was used to acknowledge the value of one's opinion, even if a great deal of financial or professional experience did not back it. It evolved from an earlier expression, "a penny for your thoughts," which invited someone to share an opinion.

Samo da dodam nešto
Samo moja dva centa

Značenje: Predlog koji nije nužno vredan ili značajan. Ovaj izraz se koristi kao uvod u izjavu koja se izgovara skromno ili neobavezujuće, s idejom da taj stav možda nije najvažniji u datom trenutku.

Primer: Sagovornik je svestan da njegovo mišljenje možda nema veliku težinu, ali želi da doprinese razgovoru. Time ublažava potencijalno škakljivu izjavu ili pokazuje poštovanje prema nekome ko je možda stručniji. Na primer, na sastanku tima član nudi predlog za novi pristup za koji misli da bi bio efikasniji. Počinje rečima: „Samo da dodam, mislim da bi trebalo da razmotrimo pristup projektu iz drugog ugla".

Poreklo: Nastao je u SAD početkom 20. veka kao kolokvijalni izraz. Stekao je popularnost tokom Velike depresije, kada su Amerikanci bili u finansijskoj krizi i cent ili dva su im dosta značili. Termin se koristio kako bi se nečije mišljenje uvažilo čak i ako nije zasnovano na mnogo finansijskog ili profesionalnog iskustva. Razvio se iz starijeg izraza „peni za tvoje misli" (*a penny for your thoughts*), kojim se sagovornik pozivao da podeli svoje mišljenje.

83. Clear the Air

Meaning: To resolve a misunderstanding, tension, or conflict by openly discussing the issues.

When someone says this, it means they want to have an honest conversation about misunderstandings or disagreements to reach a shared understanding and restore the relationship. This often involves acknowledging and addressing any lingering concerns, clarifying points of miscommunication, and working toward a satisfactory resolution.

Example: Two coworkers have been working on a project for several weeks but have not been communicating well and tensions have been building. One suggests a meeting to clear the air and discuss issues affecting their ability to work effectively. During the meeting, the coworkers openly discuss their concerns and share their perspectives on the project. They acknowledge misunderstandings and work to find common ground. By the end, they better understand each other's perspectives and move forward more effectively.

Origins: It evolved in the US from its literal meaning, referring to removing smoke or other pollutants from the air (or the room) to improve the air quality.

Raščistiti nešto
Pročistiti vazduh

Značenje: Rešiti nesporazum, nesuglasicu, ili sukob tako što se otvoreno razgovara o problemima. Voditi iskren razgovor sa nekim s kim imate suštinske razlike kako biste postigli uzajamno razumevanje. To uključuje komunikaciju, razjašnjavanje problema, i rad na rešenju.

Primer: Dvojica saradnika već nekoliko nedelja rade na projektu, ali nisu imali dobru komunikaciju i tenzije su se gomilale. Jedan predlaže da se održi sastanak kako bi raščistili nesuglasice i razmotrili pitanja koja im utiču na sposobnost da efikasno rade zajedno. Saradnici su na sastanku otvoreno razgovarali o svojim brigama i delili svoje stavove o projektu. Priznali su da postoji nesporazum i da treba da rade na pronalaženju zajedničkog jezika. Na kraju su bolje razumeli međusobne perspektive i mogli su efikasnije da rade.

Poreklo: Idiom je nastao u SAD na osnovu prakse doslovnog uklanjanja dima i drugih zagađivača iz prostorije kako bi se poboljšao kvalitet vazduha.

84. Don't Put all Your Eggs in One Basket

Meaning: Do not concentrate all your resources or efforts in a single area, as it could result in a total loss if that area fails.

The phrase underscores the importance of diversifying and spreading risks to minimize potential losses.

Example: The phrase is used to encourage entrepreneurs or investors to diversify their portfolios to minimize the risk of loss. Investors who put all their money into a single stock are "putting all their eggs in one basket" by taking a significant risk, as the failure of that stock could result in a total loss. It can also be used for high school students who apply to only one college or for college graduates who apply to only one job. In these cases, they are putting all their effort into only one "basket," and, if it fails, they will have no other options.

Origins: The phrase refers to carrying all the eggs in one basket, which would be risky if the basket were to be dropped. The first recorded use of the phrase in print is in a book by the Spanish writer Miguel de Cervantes, who used a similar expression in his novel *Don Quixote* in 1605: "It is the part of a wise man to keep himself today for tomorrow, and not venture all his eggs in one basket."

Ne stavljajte sva jaja u istu korpu

Značenje: Ne usmeravajte sve svoje resurse na jednu oblast, jer to može dovesti do potpunog gubitka ako ta oblast propadne. Ova fraza ukazuje na važnost diverzifikacije portfolija i proširivanja polja rizika kako bi se potencijalni gubici sveli na minimum.

Primer: Izraz se koristi da podstakne preduzetnike ili investitore da diverzifikuju svoj portfolio kako bi rizik od finansijskog gubitka sveli na minimum. Na primer, investitor koji ulaže sav svoj kapital u jednu akciju ili investiciju stavlja sva jaja u istu korpu preuzimajući značajan rizik, jer neuspeh akcije ili investicije može dovesti do potpunog gubitka.

Poreklo: Fraza je zasnovana na slici doslovnog nošenja svih jaja u jednom cegeru, što je rizično jer, ako ceger padne, sva jaja će se razbiti. Prva upotreba ove fraze zabeležena je 1605. godine u romanu španskog pisca Migela de Servantesa „Don Kihot": „Mudri se čuvaju danas za sutra i ne rizikuju sve u jedan dan" (It is the part of a wise man to keep himself today for tomorrow, and not venture all his eggs in one basket). Izgleda da je ideja diverzifikacije resursa već bila uspostavljena na početku 17. veka.

85. Down to the Wire

Meaning: An event is ending, and the outcome is still uncertain and could go either way until the end. The outcome will be determined moments before the deadline.

Example: A company is bidding on a large project that will be awarded in two days. The company has been working on the bid for months and is competing against several other companies. As the deadline for submitting the bid approaches, the company is making final revisions and double-checking their numbers to ensure their proposal is competitive and accurate. The outcome is uncertain, as the selection committee has not indicated which company is the frontrunner. One of the team members working on the bid says to another, "It will come down to the wire," meaning the outcome of who gets the bid will be decided at the very end.

Origins: The phrase originated from horse racing in the US, where the wire refers to the finish line. In a close race, the outcome is uncertain until the horses cross the finish line.

Biće neizvesno do samog kraja
Ići će do žice

Značenje: Događaj se bliži kraju, a ishod je još uvek neizvestan i neće se znati do samog kraja. Biće određen u poslednjim trenucima.

Primer: Kompanija se prijavila za projekat koji će za dva dana biti dodeljen pobedniku. Radi na ponudi mesecima i takmiči se sa nekoliko drugih kompanija. Kako se bliži rok za podnošenje ponuda, kompanija vrši revizije i još jednom proverava brojeve kako bi bila sigurna da je njihov predlog konkurentan. Ishod je neizvestan, pošto izborna komisija nije nagovestila koja kompanija je favorit. Jedan član tima kaže drugom: „Biće neizvesno do samog kraja".

Nisam siguran da ćemo dobiti projekat. Biće neizvesno do samog kraja.

Poreklo: Fraza potiče iz oblasti konjskih trka u SAD, gde žica predstavlja liniju cilja. U tesnoj trci ishod je neizvestan sve dok konji ne pređu tu liniju.

86. Back to Square One

Meaning: To start over, often because a previous attempt or plan has failed or has been abandoned.

Example: The phrase is commonly used to describe situations where a project or initiative has been unsuccessful, and starting again from the beginning is necessary. For example, a company may have spent months working on a new product design, only to find that the design does not meet customer needs or is not financially viable. In this case, the company may need to start the design process over, effectively returning back to square one. The meaning of this idiom is similar in meaning to "back to the drawing board."

Origins: It originated in sports broadcasting in the US in the 1930's. During live radio broadcasts of football matches, the commentators would describe the action on the field by dividing the field into squares, with each square representing a different area of the field. The phrase "back to square one" describes situations where some infraction occurred, and the players needed to return to the square where the play started.

Vratiti se na početak
Vratiti se na prvi kvadrat

Značenje: Početi iz početka, uglavnom zato što je prethodni pokušaj ili plan propao.

Primer: Izraz se obično koristi u situacijama u kojima je projekat ili inicijativa bila neuspešna i treba početi iz početka. Na primer, firma je mesecima radila na novom dizajnu proizvoda, da bi se ispostavilo da dizajn ne zadovoljava potrebe kupaca ili da nije finansijski održiv. U tom slučaju kompanija će možda morati ponovo da započne proces, tj. da se vrati na početak. Po značenju je sličan izrazu „opet Jovo nanovo".

Poreklo: Nastao je tokom emitovanja sporta u SAD tridesetih godina prošlog veka. Tokom direktnih radio-prenosa utakmica američkog fudbala, komentatori bi opisivali šta se dešava na terenu tako što bi teren podelili na kvadrate, pri čemu bi svaki kvadrat predstavljao različitu površinu terena. Izraz „vratiti se na prvi kvadrat" je opisivao situacije u kojima bi došlo do prekršaja, te su igrači morali da se vrate na polje gde je igra počela.

87. Out of Thin Air

Meaning: Something appears suddenly or unexpectedly, seemingly out of nowhere.

Example: A company has been struggling to solve a complex issue that has been causing problems for months. They tried a variety of solutions, but nothing worked. The team is frustrated and running out of ideas. During a brainstorming session, one member suddenly came up with a brilliant idea that no one had considered. One team member says to another, "Peter came up with that idea out of thin air," because there was no apparent source for his idea. The team is initially skeptical but quickly realizes that the idea can solve the problem. The team puts the idea into action, and it proves to be a huge success. The team is amazed that such a good idea came "out of thin air."

Origins: It originated from aviation, where pilots and aviation enthusiasts used the term "thin air" to describe the altitude at which the air is too thin to breathe without supplemental oxygen. The idiom was adopted to describe something that appears suddenly or miraculously as if it came from an uncommon place or where normal operations (or expectations) are impeded.

Niotkuda
Iz tankog vazduha

Značenje: Neka ideja se javlja iznenada, neočekivano, i naizgled niotkuda.

Primer: Kompanija se bori da pronađe rešenje za složen problem koji im mesecima izaziva stres. Pokušali su sa raznim rešenjima, ali nijedno nije uspelo. Tim je frustriran i ponestaje im ideja. Dok razmišljaju šta da rade, jedan član iznenada dolazi na briljantnu ideju koja nikom nije pala na pamet. Čini se da je ideja došla niotkuda. Tim je u početku skeptičan,

ali brzo shvataju da bi to moglo da reši problem. Sprovode u delo tu zamisao, koja se pokazuje kao veliki uspeh. Tim se iznenadio što je tako dobra ideja došla niotkuda i sada drugačije posmatraju svoj rad.

Poreklo: Izraz je nastao u svetu vazduhoplovstva, gde su piloti koristili sintagmu „tanak vazduh" kako bi opisali visinu na kojoj je vazduh suviše redak da bi moglo nesmetano da se diše. Idiom je ušao u upotrebu da objasni nešto što se pojavljuje iznenada ili neočekivano, kao da dolazi sa mesta koje nije dostupno, poput retkog (tankog) vazduha.

88. Yada, Yada, Yada

Meaning: Indicates that some details have been skipped over in a conversation.

It suggests that unnecessary information is being glossed over because it was deemed irrelevant to the conversation.

Example: At a team meeting to talk about procedures for interacting with a new product vendor, a project manager might say to her team, "We encountered some problems with the vendor, yada, yada, yada, but we were able to resolve the issues and move forward with the project." In this case, yada, yada, yada, indicates that the details of the problem with the vendor were not all that important to the conversation. What was important was that the problems were resolved.

Origins: This saying was popularized by the American television show Seinfeld, which aired from 1989 to 1998. The character Elaine used the phrase to skip over specific details that she felt were boring. For example, she said, "We went to the movies, yada, yada, yada, and then we came home." The phrase became a catchphrase on the show and has since become a well-known idiom in American culture.

Bla, bla, bla
Jada, jada, jada

Značenje: Označava da su neki detalji u razgovoru preskočeni zato što ih onaj ko govori smatra irelevantnim, očiglednim, ili dosadnim.

Primer: Na sastanku tima menadžer projekta kaže: „Naišli smo na neke probleme sa prodavcem, bla, bla, bla, ali smo uspeli da ih rešimo i nastavimo sa projektom." U ovom slučaju „bla, bla, bla" ukazuje na to da detalji problema sa prodavcem nisu važni za razgovor.

Poreklo: Ovu izreku je popularizovala televizijska serija „Sajnfeld", koja se emitovala od 1989. do 1998. godine u SAD. Lik Elejn bi izgovaranjem te fraze preskakao određene detalje za koje je smatrala da su dosadni. Na primer, rekla bi nešto poput: „Išli smo u bioskop, bla, bla, bla (yada yada yada) i onda smo otišli kući." Fraza se pretvorila u poštapalicu u toj emisiji i od tada je dobro poznat idiom na tlu Amerike.

89. Beating Around the Bush

Meaning: To avoid talking directly about a topic, usually by discussing less important issues.

It suggests that the speaker is not getting to the point or is avoiding the main topic of conversation.

Example: A manager is conversing with an employee who has been underperforming. The manager wants to address the issue and find out what is causing the employee's poor performance, but the employee is being evasive. The manager tells the employee, "I understand you're feeling overwhelmed, but we need to talk about your performance issues. I feel like we're beating around the bush here. Can you tell me what's been going on?" In this case, "beating around the bush" indicates that the employee is avoiding the main topic: poor performance.

Origins: The saying is derived from hunting terminology. Hunters sometimes used sticks or branches to beat the bushes or undergrowth to flush out birds or prey. The phrase "beating around the bush" describes situations where someone tries to avoid confronting an issue directly, much like a hunter might try to avoid facing the prey head-on.

Kružiti kao kiša oko kragujevca
Batinati oko žbuna

Značenje: Izbegavati direktan razgovor o nekoj temi tako što pričate o manje važnim stvarima. Odnosi se na nekoga ko nešto govori, ali izbegava glavnu/tešku temu razgovora.

Primer: Menadžer razgovara sa zaposlenim koji nije doneo željene rezultate. Menadžer želi da vidi šta je uzrok njegovog neefikasnog rada, ali zaposleni izbegava odgovor. Menadžer kaže: „Razumem da se osećate preopterećeno, ali moramo da razgovaramo o vašem učinku. Osećam da kružimo kao kiša oko Kragujevca. Možete li mi reći šta se dešava?" U ovom slučaju idiom se koristi da ukaže na to da zaposleni izbegava da razgovara o glavnoj temi, a to je njegov loš radni učinak.

Poreklo: Lovci bi uzeli štapove da batinaju žbunje ili šikaru kako bi odatle isterali ptice ili neki drugi plen. Fraza beating around the bush („batinati oko žbuna") opisuje situacije u kojima neko pokušava da izbegne direktno suočavanje sa problemom, kao što lovac neće da se direktno suoči sa plenom.

90. Ironclad Agreement

Meaning: A robust and binding agreement that is difficult to break or nullify.

Example: The phrase describes a contract, agreement, or other legal document that has been carefully drafted and negotiated to ensure it is airtight and legally binding. For example, a businessman might say, "We have an ironclad agreement with our suppliers that ensures timely delivery and quality products."

Origins: The phrase comes from the era of steam-powered naval warfare. In the mid-19th century, a new type of maritime vessel called an "ironclad" was developed in the US. These ships were heavily armored with iron plating and were virtually impervious to cannon fire. The phrase "ironclad" came to be associated with something powerful and difficult to penetrate.

Uklesano u kamen
gvozdeni sporazum

Značenje: Veoma čvrst i obavezujući sporazum koji je teško prekinuti ili poništiti.

Primer: Izraz se koristi da opiše ugovor, sporazum, ili drugi pravni dokument koji se pažljivo sastavljao i oko kojeg se pregovaralo kako bi se osiguralo da je zatvoren i pravno obavezujući. Na primer, biznismen  kaže: „Imamo dogovor koji je uklesan u kamen sa našim dobavljačima, koji podrazumeva blagovremenu isporuku i kvalitetne proizvode".

Poreklo: Ova fraza potiče iz ere pomorskog ratovanja na parni pogon. Sredinom 19. veka u SAD razvijen je novi tip mornaričkog broda nazvan gvozdeni brod. Ovi brodovi su bili od gvožđa i bili su praktično nepropusni za topovsku vatru. Opis „gvozdeno" se od tada povezuje s nečim kroz šta je neverovatno teško prodreti.

91. Grasping at Straws

Meaning: Describes a scenario in which someone is desperate and is trying anything, no matter how unlikely it is to work, to find a way out.

Example: A company is struggling to find a solution to a problem and is trying any idea, no matter how far-fetched or unlikely to work, to find a solution. In this scenario, a company manager might tell the team, "We've been trying to increase sales for months, but we're just grasping at straws at this point." This means the manager feels the company is in a hopeless situation and is willing to try anything that might work, but they don't have much faith that their attempts will succeed.

Origins: The saying originated in the practice of drowning prevention. In the past, people who fell into the water would often grasp at straws or any other debris to stay afloat. The phrase "grasping at straws" is often used metaphorically to describe situations where someone desperately tries to stay afloat with a low likelihood of success.

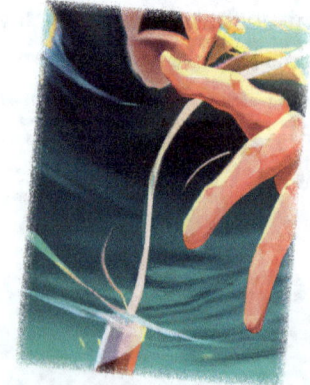

Hvatati se za slamku

Značenje: Scenario u kojem je neko očajan i spreman da pokuša bilo šta, koliko god malo verovatno bilo da će uspeti da pronađe izlaz.

Primer: Kompanija se bori da pronađe rešenje za problem i pokušava s bilo kojom idejom, koliko god to delovalo nategnuto ili malo verovatno da će uspeti. U ovom primeru menadžer bi mogao da kaže: „Mesecima se trudimo da povećamo prodaju, ali sada se već samo hvatamo za slamku". Menadžer zna da je firma u bezizlaznoj situaciji i pokušava da uradi sve što bi moglo da funkcioniše, ali nema mnogo vere da će pokušaji na kraju dati rezultat.

Poreklo: Izreka je nastala u praksi sprečavanja utapanja u vodi. Ranije bi se ljudi koji bi upali u vodu često hvatali za slamku ili druge krhotine u pokušaju da ostanu na površini. Izraz „hvatati se za slamku" često se koristi metaforički da opiše situacije u kojima neko očajnički pokušava da se održi na površini vode, ali je verovatnoća za to vrlo mala.

92. Show the Ropes

Meaning: To teach someone how to do a task.

Example: A new employee was just hired by a marketing agency. The employee is excited to start their new job, but he is unfamiliar with the company's procedures and processes. The manager assigns a more experienced employee to show him the ropes and teach him how to do his job. The more experienced employee takes the new employee under their wing and explains the procedures and processes in detail. They teach the new employee how to use the company's software and tools, communicate with clients, and work with other employees on projects. They also share their experiences and insights, providing tips and tricks for success.

Origins: In the early days of naval sailing, new sailors needed to learn how to tie various knots, which ropes to pull, and overall, navigate the sales and the ship. Experienced sailors would "show them the ropes" by teaching them how to do these tasks and guiding them through the process.

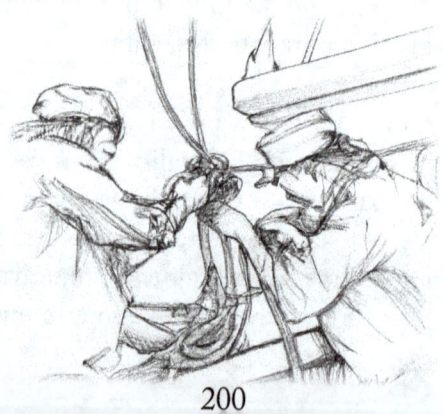

Uputi ga u posao
Pokazati mu konopce

Značenje: Naučiti nekoga kako da uradi zadatak.

Primer: Marketinška agencija upravo je zaposlila novog radnika. Zaposleni jedva čeka da započne s poslom, ali nije upoznat sa procedurama i procesima u kompaniji. Menadžer upošljava iskusnog radnika da ga uputi u posao i nauči kako ga da ga obavlja. Iskusni radnik postaje mentor novom radniku i objašnjava mu sve procedure i procese. Uči ga kako da koristi softver i alate kompanije, kako da komunicira sa klijentima i kako da sarađuje sa drugim zaposlenima na projektima. On takođe dele svoja iskustva i uvide, kao i savete za uspeh.

Poreklo: Kad je morska plovidba bila u povoju, novopečeni mornari su morali da nauče kako da vezuju različite čvorove, koje kanape da gde da stave, i kako da pomeraju jedra i upravljaju brodom. Iskusni mornari bi im „pokazivali konopce" i tako ih naučili kako da obave zadatke.

93. Back on Track

Meaning: Describes a situation where something has returned to its routine or intended course after having experienced a deviation or interruption.

Example: A software development company has been working on a new project to develop a mobile application. The project had been progressing well, but unexpected delays caused it to fall behind schedule. As a result, the project is in danger of not meeting its deadline. The project manager recognizes that the team needs to get back on track to complete the project on time. She meets with the team, and they work together with her employees to adjust the timeline, refocus efforts, and put in extra hours to complete the project on time. The team's hard work paid off, and they delivered the mobile application according to the agreed schedule.

Origins: During the 19th century, rail travel was popular, and rail lines were built across the US. However, rail travel was still a new technology, and derailments were common. When a train derailed, meaning came off the tracks, it would need to be lifted back onto the track by a crane. Once the train was back on the track, it could resume its intended route.

Vratiti se na kolosek
Vratiti se na šine

Značenje: Opisuje situaciju u kojoj se neko vratio na svoj uobičajeni ili predviđeni kurs, nakon određenog odstupanja ili prekida.

Primer: Kompanija za razvoj softvera radi na novom projektu razvoja mobilne aplikacije. Projekat je dobro napredovao, ali je bilo neočekivanih kašnjenja. Kao posledica toga, postojala je opasnost da se ne ispuni rok. Menadžerka projekta je shvatila da tim treba da se vrati na kolosek kako bi završio projekat na vreme. Sastala se sa timom i zajedno su radili na prilagođavanju vremenskog okvira, preusmerili su svoje napore, i radili prekovremeno kako bi projekat bio završen na vreme. Naporan rad tima se isplatio i uspeli su da završe mobilnu aplikaciju prema rasporedu.

Poreklo: Tokom 19. veka putovanje železnicom je bilo veoma rasprostranjeno, a železničke linije su izgrađene širom SAD. Međutim, putovanje železnicom je i dalje predstavljalo novu tehnologiju, a iskakanja iz šina su bila uobičajena. Kada bi voz iskočio iz šina, trebalo ga je vratiti na kolosek. Kada se voz vrati na kolosek, može da nastavi put onako kako je predviđeno. Sličan izraz je „Vratiti se na pravi put."

94. Pulling Your Weight

Meaning: To do your fair share of the work or effort to achieve a team goal or complete a task.

Example: A marketing agency was hired to create a new advertising campaign for a client. The agency assigned a team of designers, writers, and project managers to work on the campaign. Each team member has specific responsibilities and a deadline. As the project progresses, the manager notices that one of the designers is missing deadlines and not contributing his fair share of effort. The manager calls a meeting with the team to discuss the issue. During the meeting, the manager emphasized the importance of each team member pulling their weight to ensure the project's success. This means the manager expects everyone to put in equal effort to help the team achieve their goal.

Origins: The saying can be traced back to the practice of carrying cargo on ships during the 19th century. Those crew members had to work together to ensure the ship was loaded efficiently. Each member was assigned a task. To ensure everyone was doing their part, the crew members would weigh in and be given specific amounts of cargo to carry. This weight was then referred to as their "fair share." The member was expected to "pull his weight."

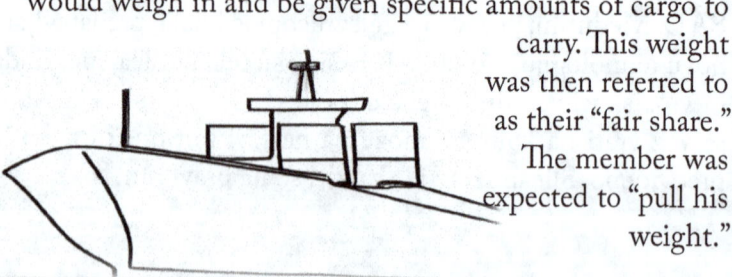

Dati svoj doprinos
Povući svoju težinu

Značenje: Uraditi svoj deo posla kako biste postigli timski cilj ili završili zajednički zadatak.

Primer: Klijent je angažovao marketinšku agenciju da kreira novu reklamnu kampanju. Agencija je odredila tim dizajnera, pisaca, i projektnih menadžera da rade na kampanji. Svaki član tima ima određene odgovornosti i rok. Kako projekat napreduje,  menadžer primećuje da se jedan od dizajnera ne pridržava rokova, i da ne ulaže trud u projekat. Menadžer saziva sastanak sa timom kako bi razgovarali o tome. Na sastanku menadžer naglašava koliko je važno da svaki član tima da svoj doprinos kako bi projekat bio uspešan.

Poreklo: Izreka potiče od prakse nošenja tereta na brodovima tokom 19. veka. Članovi posade morali su da rade efikasno kako bi bili sigurni da će utovariti brod na vreme. Svaki član bi dobio zadatak. Kako bi svako uradio svoj deo posla, članovima posade bi se izmerila težina i na osnovu toga bi im se dodelila odgovarajuća količina tereta za nošenje. Ta težina bi onda predstavljala njihov doprinos. Od svakog člana se očekivalo da „povuče svoju težinu."

95. Pedal to the Metal

Meaning: Suggests a sense of urgency and the need to push the limit to achieve a goal.

Example: The phrase describes a situation where someone works hard and quickly to achieve a goal or complete a task. For example, a manager might tell the team, "We're up against a tight deadline, so we need to put the pedal to the metal and work as hard as we can to complete this project on time." This means the manager wants everyone to increase their effort and focus on completing the project on time.

Origins: It originated with car racing in the early 20th century. During this time, many races were held on dirt tracks, and drivers had to contend with uneven surfaces, dust, and other obstacles. To achieve maximum speed on these tracks, drivers had to push their vehicles to the limit. To do this, they would push the accelerator pedal, which was made of metal, to the floor. Today, it also means driving fast.

Do daske
Stisnuti papučicu za gas do kraja

Značenje: Ovim izrazom se nagoveštava osećaj hitnosti kako bi se postigao cilj.

Primer: Fraza opisuje situaciju u kojoj neko radi veoma naporno i veoma brzo da bi postigao cilj. Na primer, menadžer kaže: „Kratak nam je rok, tako da moramo da nagazimo do daske, to jest da radimo koliko možemo kako bismo ovaj projekat završili na vreme." To znači da menadžer želi da svi ulože još veći trud i da se usredsrede kako bi završili posao na vreme.

Poreklo: Nastao je u svetu automobilskih trka početkom 20. veka. Tada su se mnoge trke održavale na zemljanim stazama, a vozači su nailazili na neravne površine, prašinu i druge prepreke. Da bi postigli maksimalnu brzinu na ovakvim stazama, morali su da upru svoja vozila do krajnjih granica. Stoga bi stisnuli do kraja papučicu za gas, obično napravljenu od metala. U Srbiji izraz „idemo punom parom" ima slično značenje.

96. Piece of Cake

Meaning: Something that is extremely easy or effortless.

Example: This phase is often heard when someone describes a task that is easy to complete. For example, after assigning you a new task, your boss might walk by your desk and say, "Don't worry about the new task. It's a piece of cake. You'll have it done in no time." In this scenario, your boss is implying that the new task is easy and is well within your skill and ability to complete it efficiently.

Origins: This saying originated from the "cake walks" tradition in the late 19th and early 20th centuries. These were contests held at fairs and carnivals where participants would walk around in a circle while music played. When the music stopped, the person standing on a designated number won a cake as a prize. This was considered among the most accessible contests to win and was often described as a "piece of cake," connecting the ease of winning the activity with the accordant prize of a cake.

Prosto kô pasulj
Parče torte

Značenje: Opisuje nešto što je vrlo lako postići i za šta nije potreban veliki napor.

Primer: Ovaj izraz se često čuje kada neko opisuje zadatak koji je jednostavno i lako izvršiti. Na primer, nakon što vam dodeli novi zadatak, šef vam kaže: „Ne brini ništa, to je prosto kô pasulj. Brzo ćeš to da završiš". U ovom slučaju, vaš šef govori da je zadatak koji vam je dodelio lak i u skladu s vašim veštinama, te ste u stanju da ga završite na vreme.

Poreklo: Izreka potiče iz tradicije igre pod nazivom cakewalk (šetnja za kolač) krajem 19. i početkom 20. veka u SAD. To su bila takmičenja koja su se održavala na vašarima gde su učesnici šetali ukrug uz muziku. Kada bi muzika prestala, onaj ko se u tom trenutku zatekao na određenom polju obeleženim brojem osvojio bi parče torte kao nagradu. Ovo takmičenje je spadalo u ona gde je najlakše osvojiti nešto, te se često opisivalo kao „parče torte" zadatak.

97. Cut Some Slack

Meaning: To give leniency when someone is struggling to meet expectations.

Example: Paulina is struggling to meet her sales targets. Her manager noticed she had been working long hours but was not meeting her goals. Paulina explained that she had been going through personal issues. Her manager decides to cut her some slack by giving her extra time. The manager offers to work with Paulina to set more realistic goals and provide her with the resources and support she needs to succeed. By cutting some slack, the manager demonstrates understanding and compassion while also helping Paulina to recover.

Origins: It can be traced to sailing, where "slack" refers to the looseness in the rope of a sail. When a sail is loose, it can move more freely, catching the wind more effectively and making it easier to maneuver the boat. In this context, "cutting some slack" refers to loosening the ropes to give someone more room to work or to allow for a mistake without causing damage. This could be useful when a sailor is learning a new skill or working under challenging conditions and needs some leeway to get the job done.

Popustiti malo
Olabavi malo

Značenje: Popustiti nekome ko se bori da ispuni očekivanja, ali mu ide teško.

Primer: Petar se bori da ispuni svoje prodajne ciljeve. Njegova menadžerka primećuje da on radi vredno, ali ne ispunjava svoje ciljeve. Petar objašnjava da ga muče lični problemi. Nadređena odlučuje da malo popusti produžujući mu rok. Nudi mu pomoć u postavljanju realnijih ciljeva i pruža mu resurse i podršku koja mu je potrebna da bi uspeo. Time što je popustila kriterijume prema Petru, šefica je pokazala razumevanje i saosećanje, a ujedno mu je pomogla da se vrati na kolosek.

Poreklo: Seže do oblasti jedrenja, gde se popuštanje odnosi na to da se olabavi uže ili jedro. Kada je jedro opušteno, slobodnije se kreće, bolje se prilagođava kretanju vetra, te olakšava manevrisanje čamcem. U tom kontekstu, „popusti malo" odnosi se na popuštanje užadi da bi se nekome dalo više prostora za rad, ili da bi se dozvolila manja greška bez nanošenja velike štete. To je korisno kada mornar uči novu veštinu, ili kada radi u teškim uslovima i treba mu dodatna sloboda da obavi posao kako treba.

98. Off the Hook

Meaning: To be relieved of responsibility or blame.

The phrase suggests that a person is no longer required to face consequences for their actions.

Example: In 2015, Wells Fargo, one of the largest banks in the US, was accused of opening numerous fake accounts. The scandal significantly damaged the bank's reputation and led to a Congressional investigation. After months of legal proceedings, Wells Fargo reached a settlement, which involved paying millions of dollars in compensation and instituting new policies and procedures to prevent similar misconduct from occurring again. In a press release, Wells Fargo's CEO stated, "We are pleased to have reached an agreement in principle with all the parties involved. This is important in putting the issues behind us and getting Wells Fargo off the hook for its past mistakes." Here, the phrase suggests that Wells Fargo has been relieved of responsibility for the misconduct. While the bank still needed to pay money and implement new policies, they no longer faced legal battles or more reputational damage.

Origins: The saying comes from fishing. When a fisherman catches a fish but decides to let it go, he releases the fish "off the hook," allowing it to swim away unharmed.

Izvući se iz neprijatnosti
Skinuti sa udice

Značenje: Biti oslobođen odgovornosti ili krivice. Upućuje na to da osoba ne mora da se suočava sa posledicama svojih postupak.

Primer: Godine 2015. „Vels Fargo", jedna od najvećih banaka u SAD, optužena je za otvaranje brojnih lažnih računa. Taj skandal je predstavljao veliki udarac za ugled banke i doveo je do istrage u Kongresu. Posle višemesečnih pravnih zavrzlama, „Vels Fargo" je postigao nagodbu, koja je podrazumevala plaćanje miliona dolara odštete i sprovođenje novih procedura za sprečavanje nedoličnog ponašanja u budućnosti. U saopštenju za javnost, tadašnji izvršni direktor „Vels Farga" je rekao: „Zadovoljni smo što smo postigli načelni sporazum sa svim uključenim stranama. Ovo je važan korak ka tome da problem ostavimo iza sebe i da se 'Vels Fargo' izvuče (off the hook)." U ovom primeru fraza ukazuje na to da je „Vels Fargo" oslobođen odgovornosti. Kako je banka isplatila novac i usvojila novu politiku, izbavila se iz borbe.

Poreklo: Izreka potiče iz sveta pecanja, kada ribar uhvati ribu, ali je pusti, to jest skine je sa udice ili kuke da otpliva na slobodu.

99. Spill the Beans

Meaning: When someone reveals a secret or confidential information that was not meant to be shared.

The phrase suggests unintentional disclosure, implying the person who spoke accidentally let the information slip.

Example: A technology company is preparing to launch a new product that has been kept a secret. The company invested heavily in research and development, and the product is expected to generate revenue. However, during a meeting with investors, a senior executive accidentally spills the beans and reveals vital details about the product that were not supposed to be shared. The information spreads to the media and competitors, causing the company to lose its competitive edge. In this example, the executive "spilled the beans" when he accidentally revealed sensitive information about the new product.

Origins: It is believed to come from ancient Greece, where beans were used to vote. In some voting systems, a black bean meant a "no" vote, and a white bean meant a "yes" vote. If someone accidentally spilled the jar containing the beans cast for votes, it could reveal the outcome of the vote before it was officially announced.

Izlanuti se
Prosuti pasulj

Značenje: Kada neko otkrije tajnu ili poverljivu informaciju koja nije bila namenjena za deljenje. Upućuje na nenamerno razotkrivanje, kao da je osoba slučajno izlanula informaciju.

Primer: Tehnološka kompanija se sprema da plasira novi proizvod koji je mesecima čuvala u tajnosti. Dosta je uložila u istraživanje i razvoj, a očekuje se da će proizvod doneti mnogo prihoda. Međutim, na sastanku sa investitorima direktor se slučajno izlane i otkriva ključne detalje o proizvodu koje nije trebalo da podeli. Informacije se šire do medija i konkurencije, zbog čega kompanija gubi prednost. U ovom primeru direktor se izlanuo kada je slučajno otkrio osetljive informacije.

Poreklo: Veruje se da izraz potiče iz antičke Grčke, gde se pasulj koristio za glasanje. U pojedinim sistemima glasanja crni pasulj je bio glas „ne", a beli pasulj je značio glas „da."Ako bi nekom slučajno ispala tegla u kojoj se nalazio pasulj za glasanje, to je moglo da razotkrije rezultate glasanja pre nego što budu zvanično objavljeni.

100. Burn Bridges

Meaning: To do something that irreparably damages a relationship, usually by behaving disrespectfully.

Example: Burning bridges is often used in relation to quitting a job or leaving a situation that creates bad blood with colleagues, partners, or clients, or generally acting in a way that damages one's reputation and relationships. For example, a salesperson who quits a job might burn bridges by leaving without notice, bad-mouthing their colleagues or manager, or taking the company's clients to a new job.

Origins: This saying comes from military commanders destroying bridges after crossing them to prevent the enemy from following. This action would leave no retreat option, "no going back," and it would force soldiers to continue forward and continue the fight.

Spaliti mostove za sobom
Spaliti mostove

Značenje: Uraditi nešto što nepopravljivo šteti nekom odnosu, obično iskazivanjem nepoštovanja.

Primer: Spaljivanje mostova se često koristi kad se napušta posao ili situacija tako da se stvara zla krv sa kolegama ili klijentima, ili se generalno postupa na način koji šteti nečijem ugledu ili međusobnim odnosima. Na primer, prodavac koji napusti dotadašnji posao je spalio mostove za sobom ako je otišao bez obaveštenja, omalovaža kolege ili menadžera, ili je odvukao kompanijske klijente sa sobom na novi posao.

Poreklo: Ova izreka potiče iz prakse da vojni komandanti ruše mostove nakon što ih pređu kako bi sprečili neprijatelja da ih prati. Taj čin ne ostavlja nikakvu opciju za povlačenje i primorava vojnike da nastave i da se bore. Uglavnom se izraz više koristi u kontekstu: „Nemoj da spališ mostove za sobom, nikad ne znaš kad ti mogu ponovo zatrebati." Na primer, ako napuštate firmu, nema potrebe da se sa svima posvađate, jer ne znate kada ćete ih sresti ponovo ili kada će vam ponovo zatrebati.

101. Play It by Ear

Meaning: To approach a situation without a predetermined plan and to make decisions as the situation unfolds.

Example: An airline company plans to launch a new route to a popular destination. However, due to pandemic-related travel restrictions, the company is uncertain whether there will be sufficient demand for the route. In this situation, the airline might decide to play it by ear and adjust its strategy based on how the travel restrictions evolve and customer demand for the route changes. They start with a limited schedule and adjust the frequency of flights based on customer demand. They also offer flexible booking policies to accommodate changing travel plans. By playing it by ear, the airline can be more responsive to changing conditions and adjust its strategy to maximize the chances of success.

Origins: In the early 20th century, jazz musicians used the phrase to describe their improvisational approach to playing music. When musicians play a piece "by ear," they learn by listening, which enables them to play it without reading sheet music. In jazz, improvisation is a crucial part of the music, and musicians often need to adjust their playing based on other musicians or the audience's response.

Prilagoditi se situaciji
Svirati po sluhu

Značenje: Pristupiti situaciji bez plana i donositi odluke usput.

Primer: Avio-kompanija planira da pokrene novu rutu do popularne destinacije. Međutim, zbog ograničenja putovanja usled pandemije, nisu sigurni da li će biti dovoljno potražnje za tom rutom. U ovoj situaciji, avio-kompanija može da prilagodi svoju strategiju promenama u ograničenjima putovanja potražnji kupaca za tom rutom.

Mogu početi sa ograničenim rasporedom i prilagoditi učestalost letova na osnovu potražnje kupaca. Takođe mogu da ponude fleksibilna pravila rezervacije u skladu sa promenama u planovima putovanja. Ako se prilagodi situaciji, firma može bolje da reaguje na promenljive tržišne uslove i modifikuje svoju strategiju kako bi povećala šanse za uspeh.

Poreklo: Početkom 20. veka, džez muzičari u SAD su koristili ovaj izraz da opišu svoj princip improvizacije u sviranju. Kada muzičari sviraju po sluhu, to znači da sviraju bez notnih zapisa. U džezu improvizacija je ključni deo stvaranja muzike i muzičari često moraju da prilagode svoje sviranje drugim muzičarima ili reakcijama publike.

... and more - i još malo

102. He has loose screws.
    Fali mu daska u glavi.

103. What are you staring at?
    Je l' igra bela mečka?

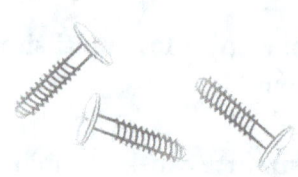

104. Cutting remarks.
    Bez dlake na jeziku.

105. Do not rock the boat.
    Ne drmaj plovak.

106. A face only a mother could love.
    Ružan kao lopov.

107. A fit of laughter.
    Smeje se kô luda na brašno.

108. So, so.
    Đene, đene.

109. Dumb as a post.
    Glup kô noć. Nema tri čuke u glavi.

110. That was a nightmare.
    Proveo se kô bos po trnju.

111. Hard–headed.
    Zapeo kô sivonja, tvrdoglav kô mazga.

112. She dumped him.
    Dobio je korpu.

113. Pulled a rabbit out of a hat.
    Izvući keca iz rukava.

114. Stacking the deck.
    Navodi vodu na svoju vodenicu.

115. Off the wall.
    Izvodi besne gliste.

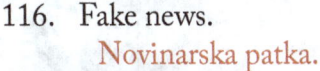

116. Fake news.
    Novinarska patka.

117. Burr under the saddle.
    Davež.

118. Keeping up with the Joneses.
    Pomodari.

119. Tough cookie.
    Tvrd orah.

120. He was so drunk, he blacked out.
    Pijan kao letva, ćuskija, smuk.

121. Fallen flat.
    Prd..o u čabar.

122. We are screwed.
    Obrali smo bostan.

123. Cool as a cucumber.
    'Ladan kô špricer.

124. A leopard does not change its spots.
    Vuk dlaku menja, ali ne ćud. Magarac u Rim, magarac iz Rima.

125. She gave him a piece of her mind.
    Očitala mu je bukvicu.

126. Slick Willy.
    Prodaje m..a za bubrege.

127. Rough around the edges.
     Nema šlifa.
128. Killing time.
     'Vatamo zjale.
129. In hot water.
     Našao se u nebranom grožđu.

130. On cloud nine.
     Na sedmom nebu.
131. Apple of my eye.
     Čuvam je kao malo vode na dlanu.
132. Sailing under false colors.
     Kiti se tudjim perjem.
133. A real drag.
     Dosadan kao stenica.
134. Blind leading the blind.
     J..ô lud zbunjenog.
135. Never-ending.
     Završićemo limburga meseca.
136. Head over heels.
     Naglavačke.
137. Making ends meet.
     Krpi kraj sa krajem.
138. We are up the creek without a paddle.
     Naje...i smo!
139. She has a crush on him.
     Bacila je oko na njega.
140. Stay on the straight and narrow.
     Mani se ćorava posla.

141. Bite your tongue.
    Zaveži.

142. He is screwed!
    J..ô je ježa u ledja.

143. Fifth wheel.
    Trinaesto prase.

144. Getting your wires crossed.
    Pobrkati lončiće.

145. Play fool.
    Pravi se Toša.

146. Go with the flow.
    Gde Turci tu i mali Muja.

147. That cost him an arm and a leg.
    Košta đavo i po.

148. Cutting corners.
    Preko preče, naokolo bliže.

149. That's that.
    To je to.

150. Woke up on the wrong side of the bed.
    Ustao je na levu nogu.

151. Not a spring chicken.
    Ko rosa u podne.

152. Six of one, half dozen of the other.
    Nije šija nego vrat.

153. Rolling the dice.
    Kolo sreće se okreće.

154. Better safe than sorry.
    Triput meri, jednom seci.

155. This is backwards.
    Ovo je na tri ćoska.
156. Out of the woodwork.
    Bogu iza nogu.
157. Cold shoulder.
    Pokazati netrpeljivost.
158. He had it coming.
    Dobio je šta je trazio.

159. Trying to boil the ocean.
    Broji zvezde.
160. Silent treatment.
    Kažnjavanje ćutanjem.
161. Missed the boat.
    Prošao voz.
162. Come again?
    Kako, kako? Šta beše to?

163. Middle of nowhere.
    Vukoj....a.
164. Put the cart before the horse.
    Ovo je naglavačke.
165. Give him a break.
    Ostavi ga na miru.
166. It is what it is.
    To je što je.
167. A fool.
    Budala. D..e glava.
168. Clean as a whistle.
    Čist kao suza.

169. Hit the jackpot.
 Upala joj sekira u med.

170. Dropped the ball.
 Zglajznuo je.

171. Packs a punch.
 Gde on prodje tu trava ne raste.

172. Power went to his head.
 Ušla mu voda u uši.

173. Looks can be deceiving.
 Nije zlato sve što sija.

174. At any cost.
 Pošto-poto.

175. He is weird.
 On je nakrivo nasadjen.

176. Putting good money after bad.
 Sipa iz supljeg u prazno.

177. Touch and go.
 Drž, nedaj.

178. Cookie cutter.
 Po šablonu. Štancla.

179. This, that, and the next thing.
 Obrni, okreni.

180. Fool's errand.
 Džaba ti, to je uzaludno.

181. In a nutshell.
 Poenta je, suština je.

182. You can envy me until you turn blue.
 Možeš da mi pljuneš pod prozor.

183. What do you know, who knew!
    Ma nije valjda?
184. Rookie.
    Novajlija, gušter.
185. Hit with a ton of bricks.
    Sve drvlje i kamenje.
186. What's gotten into you?
    Šta te je spopalo?
187. Give them a break.
    Progledaj im kroz prste.
188. Heebie, jeebies.
    Kerefeke.
189. Keep your feet on the ground.
    Ko visoko leti nisko pada.
190. Pain in the neck.
    To je štrčak u d....u.
191. Don't look at me!
    Nemam ja ništa s tim!
192. Tangled web.
    Šućmurasto.
193. Let him loose.
    Dati mu odrešene ruke.
194. My way or the highway.
    Ili ovako ili nikako.
195. Slow.
    Tuta muta.
196. Stir the pot.
    Zakuvati čorbu.

197. Chasing his own tail.
    Vrti se u krug.
198. You don't say!
    Ma nemoj mi reći!
199. Hilarious.
    Trista čuda.
200. Off your rocker.
    Čuknut u glavu.

www.ingramcontent.com/pod-product-compliance
Lightning Source LLC
Chambersburg PA
CBHW072153070526
44585CB00015B/1125